SONG LAW FIRM
宋氏律師事務所

刑事风险防范

体系、流程与实例

赖建东 / 著

法律出版社 | LAW PRESS
北京

图书在版编目(CIP)数据

刑事风险防范 : 体系、流程与实例 / 赖建东著. --
北京 : 法律出版社, 2024
ISBN 978-7-5197-9192-6

Ⅰ. ①刑… Ⅱ. ①赖… Ⅲ. ①企业法－研究－中国
Ⅳ. ①D922.291.914

中国国家版本馆 CIP 数据核字(2024)第 105874 号

刑事风险防范 : 体系、流程与实例
XINGSHI FENGXIAN FANGFAN:TIXI、LIUCHENG YU SHILI

赖建东 著

责任编辑 陈昱希
装帧设计 鲍龙卉

出版发行 法律出版社
编辑统筹 法规出版分社
责任校对 王语童
责任印制 耿润瑜
经　　销 新华书店

开本 710 毫米×1000 毫米 1/16
印张 13.75　字数 189 千
版本 2024 年 11 月第 1 版
印次 2024 年 11 月第 1 次印刷
印刷 三河市兴达印务有限公司

地址:北京市丰台区莲花池西里 7 号(100073)
网址:www.lawpress.com.cn
投稿邮箱:info@lawpress.com.cn
举报盗版邮箱:jbwq@lawpress.com.cn

销售电话:010-83938349
客服电话:010-83938350
咨询电话:010-63939796

书号:ISBN 978-7-5197-9192-6
定价:78.00 元
凡购买本社图书,如有印装错误,我社负责退换。电话:010-83938349

自　序

企业合规是理论界和实务界热议的话题，理论研究非常多，各地的企业合规案例也越来越多。对于企业内部刑事风险防范理论研究虽比较透彻，但将理论落实到实践中的案例较少，也缺乏标准的模式和流程。

2016年，国资委印发《关于在部分央企开展合规管理体系建设试点工作的通知》，确定中国石油、中国移动、中国中铁、招商局集团和东方电气为试点企业，开展企业合规管理体系建设试点工作。彼时，企业合规管理体系建设尚未大规模铺开，企业合规整改更鲜为人知。但我们已意识到企业内部主动合规是企业刑事风险防范的重要举措，将成为刑事律师非常重要的业务分支。于是，我们就开始为刑事危机处理、刑事辩护的客户提供后续的刑事法律服务，即为客户公司提供建立合规体系的服务。通常，刚刚经历刑事风险的企业及其实际控制人因担心再次遭受刑事风险，其积极性往往比较高，甚至会要求我们主动介入，帮助企业进行合规，防范企业及其实际控制人的刑事风险。就这样，我们积累了企业刑事风险防范的合规体系建设的实践经验。此时的企业刑事风险防范，是企业为防范未来刑事风险而进行的主动合规。

企业建立有效的主动刑事风险防范体系，能起到为企业消除风险、剥离风险以及切割风险的作用。企业主动刑事风险防范其实就是企业为防范刑事风险，将刑事辩护的准备工作提前至企业日常经营过程中，将所涉高风险刑事犯罪的辩护空间和证据材料提前“嵌入”，为后续可能发生的刑事案件辩护提供有力支持而采取的一系列举措。

笔者从企业刑事风险防范体系的搭建切入,通过讲解相关实务案例,分享企业刑事风险防范体系的具体实操流程和模式,旨在以自身经验为基础,搭建企业合规理论与企业合规实务的桥梁,为企业积极主动防范刑事风险,提供可行的方案参考。

由于笔者智识有限,其中部分观点可能欠妥,甚至可能存在谬误,不足与错漏之处望诸位海涵并批评指正。

目　录

第一章
CHAPTER 01

预防是应对刑事风险的最佳方式

在当前司法实践中，当事人被动应对刑事风险，则往往很难有效化解刑事风险，难以争取到比较理想的案件处理结果。提前做好刑事风险防范工作，可以有效预防犯罪行为发生，避免发生刑事风险。即便发生了刑事风险，提前采取的防范措施也可以用于辩护，增加化解刑事风险的可能性。因此，对于刑事风险防范而言，主动预防无疑是刑事风险防范的最佳方式。

第一节
被动应对难以有效化解刑事风险

一旦当事人被刑事控告、被刑事立案，乃至被羁押，已经身陷刑事风险，当事人及其辩护律师仓促应对，着手寻求应对方案，往往只能在现状基础上寻求最佳方案，也就是对现有证据材料进行充分解读、运用，或者继续收集过往已经形成的证据材料，形成辩护方案，而往往不可能再追溯制作相关证据材料。因为案发后再制作相关证据材料，既缺乏可行性，也缺乏合法性，存在伪造证据等重大法律风险。因此，一旦公司及其实际控制人在日常经营中未充分考虑刑事风险，提前采取刑事风险防范措施，导致埋下刑事风险隐患，则案发后无法弥补，只能进行被动应对，大大降低了妥善处理刑事危机的可能性，甚至可能被追究刑事责任，遭受重大损失。

例如，林某涉嫌职务侵占罪案：

朱某等人通过项目公司持有某“三旧改造”地块的使用权,但项目开发资金不足,于是朱某等人找到林某,双方商议合作建房。双方合作的核心条件是林某负责筹集资金,朱某等人负责提供项目公司土地使用权,不参与项目公司的具体经营事宜,待项目建设完成,李某与朱某等人按照60%和40%的比例分配物业权益,朱某等人获得40%的物业权益后退出项目。如双方约定:“在交割日后,目标公司的法人治理及具体经营管理均由乙方全权负责。”“项目实施开发建设所需资金包括补缴土地新旧用途基准差价的土地出让金及相应契税费、工程建设款项等全部开发费用(包括但不限于市政配套费、工程建设费、管理费用及与项目地块开发有关的税费)均由乙方承担,甲方无需支付及承担前述费用,乙方需按时支付。”“乙方愿意提供相应的担保或保证,保证甲方在项目地块上享有的权益(即甲方在项目地块上占有的40%的权益及对应的土地使用权面积)不受损失,如由此而给甲方造成的经济损失,乙方及担保人(保证人)同意全额赔偿。”林某作为甲方,负责项目公司的经营、筹集资金、建设项目等,而朱某等乙方不参与项目建设、不承担风险,这本身是非常简单的合作建房行为,不至于产生刑事风险隐患。

然而,双方洽谈及草拟《合作开发协议》时,林某同意以入股项目公司的形式来实施合作建房的行为,即林某负责筹集资金,通过受让朱某等人的股份,获得项目公司60%的股份,朱某等人则持有40%的股份。朱某等人成为名义上项目公司股东,这就将合作建房变成了合作经营项目公司,合作方式发生变化,对林某经营项目公司规范性要求就不同,刑事法律风险自然不同。他们签署的《合作开发协议》虽然本质上为合作建房关系,但法律关系上却是股东关系,他们都是项目公司的股东,项目建设过程也就成了项目公司的经营过程,而且项目公司还不是一人有限公司,直接给林某造成重大的刑事风险隐患。

林某认为,整个项目及项目公司都是他的,他只负有交付物业的义务,只要筹集资金将项目建设完毕,给朱某等人40%的物业,就完成了合作义务,至于项目如何建设、项目公司如何经营、怎么调拨、使用资金,都不存在违法问题。但项目建成后,林某与朱某等人发生纠纷,刑事风险就迅速爆发。虽然林某确保了朱某等人可分配获得的40%物业,但在巨大利益面前让双方还是发生巨大争议，林某的不规范资金调拨、使用行为，被认为系犯罪手段，朱某等人向公安机关提出刑事控告，控告林某职务侵占、挪用资金等刑事犯罪。后办案机关追究林某的刑事责任，认为林某在担任项目公司董事长期间，无视国家法律，利用职务便利，采用各种虚构工程合同，将本单位财物非法占为已有，数额巨大，已经涉嫌职务侵占罪，应当追究其刑事责任。

该案中，从《合作开发协议》签订时林某的刑事风险就已经埋下隐患。他在商务谈判及《合作开发协议》的合作模式设计中，没有提前考虑刑事风险防范的问题，将自己和合作方变成项目公司的股东，而不是以其他方式确立简单的合作建房关系。被刑事控告、刑事立案后，林某及其辩护律师只能根据现有《合作开发协议》等证据材料寻找辩护策略，试图还原他们合作建房的本质，辩护材料有限，辩护方案受到很大限制，其行为罪与非罪具有较大争议空间，导致其刑事风险存在重大不确定性。一旦被羁押，则面临的局面将非常不利。

即便是一人有限公司，如经营者未能在日常经营中严格规范经营，未考虑出现资金调拨等违规行为可能引发的刑事风险并加以防范，一旦因公司破产、重整等原因，经营者交出公司控制权，则将直接面临刑事风险。此时，曾经的一人有限公司也会被当作完全独立的法人进行审查，其日常经营的违规行为就会被反复审查，用于追究法律责任。发生刑事风险后，当事人及其辩护律师只能被动应对，根据现有证据资料寻求最有利的辩护策略，刑事风险能否妥善化解增加了不确定性。

例如，谢某涉嫌职务侵占罪案：

谢某通过实际控制的多家公司持股某房地产开发公司，用于开发某房地产项目。项目公司的所有股东都是谢某实际控制的个人及公司，项目公司实际上是谢某的“一人有限公司”，谢某是项目公司的唯一实际控制人、最终受益人。在项目公司经营过程中，项目公司与谢某个人及其他关联公司存在大量资金往来，且为了出账方便，相关资金往来事由及其合同资料很多都是虚假的。在谢某看来,所有的公司及其资金都是他的,无论资金如何调拨、以什么名义调拨等,都没有问题,并没有考虑此举的刑事风险及如何防范的问题。

如果项目公司一直处于谢某的实际控制下,没有其他股东,则刑事风险隐患不会“爆发”。然而,该项目公司后来因为资不抵债进入破产程序,项目公司就完全脱离谢某的控制。破产管理人审查发现项目公司存在大量异常的资金调动行为,谢某及其关联公司存在大量占用项目公司资金的行为,债权人也认为谢某等人通过各种虚假债权、虚假工程侵占项目公司财产,要求司法机关追究谢某的刑事责任,追回项目公司的资金。最后,在破产管理人及债权人的要求下,法院向公安机关移送了谢某涉嫌职务侵占罪的犯罪线索。这就直接给谢某带来重大刑事风险。

该案中,谢某在经营项目公司时,没有考虑项目公司的独立法人身份,项目公司、谢某个人及其关联公司间资金调拨、使用不规范可能带来刑事风险隐患,更没有预料到其有一天会失去对项目公司的控制权,这些不规范的资金往来、财务凭证会成为他涉嫌侵占公司财产的“罪证”,只能在辩护律师的协助下被动应对,尽量争取现有证据材料项下的最优辩解,争取妥善处理。

再如,在走私普通货物罪、串通投标罪、单位行贿罪等单位犯罪案件中,公司及其实际控制人平时未注重刑事风险防范问题,员工实施的犯罪行为发生、案发后,公司及其实际控制人才采取“危机公关”,试图通过各种措施让公司及其实际控制人、高级管理人员等避免被追究刑事责任。显然,这已经非常被动,妥善处理案件的难度是很大的。毕竟,公司的相关业务资料都已经形成,从业务审批流程中就可以锁定相关犯罪行为的审批权限、公司、实际控制人及高级管理人员的参与程度;直接实施犯罪行为的员工的证词,也会充分还原公司、实际控制人、高级管理人员的参与程度;更重要的是,缺少刑事风险防范措施,公司此时往往无法提供足够的证据以“自证清白”,证明公司对这些犯罪行为不知情,证明员工的犯罪行为并非单位犯罪而属于其个人犯罪等,缺少证据材料让公司的刑事风险应对更加“狼狈”,化解刑事风险的难度更大。

被动应对化解刑事风险的难度较大，结果具有较大的不确定性。而且，从司法实践角度，刑事诉讼流程对当事人并不友好。一方面，刑事诉讼的案件期限比较长，当事人及其家属只能等待，案件处理结果的不确定性，以及当事人及其家属对案件处理程序影响的无力感，会让当事人及其家属精神上备受折磨。另一方面，当前司法实践中，当事人的审前羁押率较高，大部分案件当事人都会被羁押。一旦被羁押，则意味着可能整个漫长的诉讼流程中，当事人都处于被羁押状态，被羁押状态又不可避免地对裁判结果产生负面影响，并且当事人被长期羁押本身预示着案件处理结果很可能不理想，当事人及其家属面临的心理压力更大。当事人及其家属、辩护律师需要具有极大的毅力、勇气和智慧，才有机会争取无罪的结果。

第二节
预防是应对刑事风险的最佳方式

没有提前做好刑事风险防范措施，导致当事人面临被追究刑事责任时，只能被动应对，这必然需要耗费较大的时间、精力、财力，在刑事案件尘埃落定前也会承受更大的心理压力。与被动应对相比，预防无疑更有助于应对刑事风险。企业刑事风险防范，旨在通过企业执行有效的风险防范计划来预防企业犯罪，[1]是防范企业刑事风险的相对有效措施，[2]风险防范计划的核心在于完善的合规管理机构、对企业违规行为发生之前的有效防范、识别和监控，以及企业违规行为发生之后的有效应对，其本质在于对违法犯罪行为的积极防控。[3]

就像一个平时遵纪守法的公民可能临时起意犯罪或者无意识犯罪一样，一个具备完善刑事风险防范体系的企业，也完全有可能有意或无意犯

[1] 参见董文蕙、杨凌智：《论我国企业犯罪治理模式之应然转变——以刑事合规为视角》，载《南昌航空大学学报（社会科学版）》2019 年第 4 期。

[2] 参见韩轶：《企业刑事合规的风险防控与建构路径》，载《法学杂志》2019 年第 9 期。

[3] 参见陈瑞华：《论企业合规的中国化问题》，载《法律科学（西北政法大学学报）》2020 年第 3 期。

罪;随着时间推移,企业刑事风险防范体系也可能逐渐被忽视或形同虚设,继续发生犯罪行为。“精心设计的合规计划也不能完全阻止企业内部的犯罪活动。”[1]企业刑事风险防范体系显然并不能完全预防犯罪的发生,任何风险防范体系都无法杜绝犯罪。

但不可否认的是,完善且得到有效执行的刑事风险防范体系,确实能在理论上和实践中,最大限度地防范企业的刑事风险。刑事风险发生前,刑事风险防范体系能帮助企业消除经营过程中的部分刑事风险;刑事风险发生后,刑事风险防范体系也能在员工行为与企业行为之间建立有效的“防火墙”,实现员工个人犯罪责任与企业责任的切割,避免企业因为员工的犯罪行为而承担刑事责任。企业即便面临刑事风险,也可以拥有较充分的抗辩空间和抗辩证据材料。因此,企业刑事风险防范体系在预防企业及员工犯罪的同时,还能防范企业被认定为单位犯罪,从而在未来可能面临的刑事风险抗辩中争取到主动权。

企业刑事风险防范的终极目的是帮助企业有效预防、化解刑事风险,让企业意志与实施犯罪的个人意志区分,让企业犯罪与个人犯罪区分;在具体实施犯罪行为的员工与各级管理人员、企业实际控制人、企业之间,设置刑事风险防范的多层“防火墙”,让企业合规成为企业出罪的理由,让并未参与涉案犯罪行为的实际控制人、各级管理人员避免因为企业被认定犯罪而承担刑事责任。企业合规对企业、实际控制人、各级管理人员都是刑事风险防范的有效措施。因此,在无法完全杜绝犯罪的前提下,在犯罪行为发生前,企业主动进行合规整改,建立并运行有效的刑事风险防范体系,是防范刑事风险的最佳选择。

以某科技公司主动刑事风险防范整改案为例:

某科技公司开发运营一款陌生人之间的社交软件,该公司的运营模式涉及三方:女用户、公司和男用户。女用户注册成为公司的会员,公司通过投入广告等方式吸引男用户注册成为公司会员。女用户积极主动和男用户

---

[1] [美]菲利普·韦勒:《有效的合规计划与企业刑事诉讼》,万方译,载《财经法学》2018年第3期。

聊天，通过文字信息、语音信息、语音连线以及视频连线等各种方式交友，而男用户与女用户交友，是需要支付费用的。男用户交友的费用、打赏等直接支付到某科技公司，由该科技公司与女用户按照一定的比例分成。实际上，这是绝大多数交友软件的运营模式。在这种模式下，部分用户难免会想尽办法吸引其他用户进行付费聊天、对其打赏等，以创造更多的收益。这就容易导致用户为了创收而触犯法律底线，进而使该公司及相关运营人员承担平台运营主体责任，包括刑事风险。该科技公司需要为避免刑事风险采取合规措施，让经营者和投资人知悉相关法律风险及合规运作的基本要求，既避免无意识犯罪，也避免因涉嫌刑事犯罪而被关停。

该科技公司运行过程中主要存在诈骗类犯罪、淫秽色情类犯罪、涉赌类犯罪、信息网络类犯罪四种刑事风险。该科技公司并不是没有进行合规经营、防范刑事风险的可能性，市面上主流的社交软件都存在此类刑事风险。只要公司的刑事风险防范措施采取到位，刑事风险都是可控的。刑事风险防范作为预防法律风险、避免刑事责任的内控制度系统，对于网络平台防范法律风险、降低刑事可罚性具有重要价值。公司在软件上线前、运行过程中进行主动刑事风险防范改造，设置刑事风险防范体系，就可以最大限度地防范公司及其经营者的刑事风险。

（一）公司刑事风险的三条防线

企业及其经营者至少需要设置三条防线，以保障企业合法合规运行，避免刑事风险。即便日后发生刑事风险，也有机会争取将刑事风险与大多数用户和员工“阻隔”，归责于用户、公司个别员工乃至个别业务部门负责人。

1. 第一条防线：规范公司与用户的关系，将刑事风险隔离在用户

在公司所涉及的刑事风险中，用户是具体的犯罪行为实施人，用户的行为能否代表公司的行为，用户的犯罪责任能否归咎于公司，直接取决于公司与用户的关系，以及公司对用户违法犯罪行为的态度。如果用户是公司“雇佣”的，那么用户就相当于公司的员工，用户的行为就非常容易归咎于公

司，甚至用户的行为会直接被认定为公司组织下实施的行为，那么，每一个用户的犯罪行为都可能被评价为公司的犯罪行为，公司的刑事风险就随着用户的数量增加而无限扩大。从刑事风险防范角度，公司与用户之间应该是开放的关系，不应该存在管理与被管理、雇佣与被雇佣的关系，公司对用户的管理集中在用户行为的合法合规性监管和收入的分成管理方面。公司与用户是合作关系，公司只提供平台服务，并收取相应的服务费用。

2. 第二条防线：规范公司一线员工的行为，将刑事风险隔离在公司的一线员工

公司一线员工是与用户直接对接的人，包括客服、业务人员等。由于他们直接与用户对接，其履职行为很可能直接被认定为代表公司的行为。如果缺少刑事风险防范体系，裁判者通常会认为，员工不太可能在公司不知情或没有获得公司允许的情况下，自己实施犯罪行为。而且，公司一线员工在与用户沟通过程中，基本都会被认定代表公司、传达公司的意志。部分一线员工为了完成业绩，获得更高的提成、奖励等，也可能会放任、暗示甚至帮助用户实施违法犯罪行为。因此，公司对一线员工行为的合规要求及其监管态度，很大程度上会影响司法机关对一线员工的犯罪行为是其个人行为还是单位行为的判断，员工个人犯罪行为是否会被认定为单位犯罪行为的判断。公司实际运行过程中，对一线员工进行严格规范，是为了避免一线员工的犯罪行为牵连公司。公司必须赋予一线员工监管用户直播内容、聊天内容规范性的职责，必须禁止一线员工以任何形式放任、暗示甚至帮助用户实施违法犯罪行为，这样才能最大限度地实现法律责任的切割。

3. 第三条防线：规范公司板块业务负责人的行为，将刑事风险隔离在公司的业务板块负责人

该公司在具体业务上会分板块或者分区域，每个板块或者区域都有具体的业务主管、业务经理之类的管理人员。由于他们的级别相对更高，在公司与一线员工之间充当中高层管理者的角色，他们的行为更容易被认为是公司的行为，他们的违规行为更容易导致公司面临刑事风险。因此，公司同样需要规范平台业务板块负责人的行为，禁止他们以任何形式放任、暗示甚

至帮助用户实施违法犯罪行为。具体而言,要规范业务板块负责人与一线员工之间的日常经营管理行为,禁止业务板块负责人向一线员工传达放任、暗示甚至帮助用户实施违法犯罪行为的信息。否则,一线员工的犯罪行为可能会被评判为公司中高层管理人员安排一线员工实施的,进而导致该行为容易被认定为单位行为。

涉案公司充分落实上述三条防线,建立刑事风险防范体系,制定并充分落实各项配套合规制度,不仅可以最大限度地避免发生相关犯罪行为,也可以最大限度地避免公司遭遇刑事风险。即便面临刑事风险,公司也有充分的抗辩空间和抗辩证据材料。如此,公司实际经营者才更有信心经营下去。

(二)公司刑事风险防范体系建设

为了落实上述刑事风险的三条防线,公司需要进行一系列的合规整改,从合规管理机构、合规制度、合规流程、合规文化、合规培训、合规监督等方面着手,构建行之有效的刑事风险防范体系。

1. 建立合规管理机构

公司可以设置专门的合规巡查员、合规监督员之类的合规岗位具体负责公司合规事宜,该岗位可以与法务岗合并,但该岗位员工不负责具体运营业务,该岗位只是专职的合规岗位。合规人员专门负责公司的合作运作和对用户直播、聊天等内容的监督,承担公司的日常合规培训、警示教育培训等所有公司合规运行、用户行为合规的监督职责。涉案公司目前规模较小,可以设置一名专职合规人员,负责具体落实公司的大部分合规工作。该岗位在公司合规制度制定及落实、合规运行证明材料的形成等方面,都起关键作用,缺少合规的专人专岗,刑事风险防范体系无从谈起。

2. 制定对内的合规制度

公司合规管理机构的运作,需要制定合规负责人履行合规监督职责的一整套制度,包括合规负责人的任免,履职保障,违规问题的发现、调查、处置流程等;需要对员工提出日常合规要求,如制定合规手册、员工手册等;需要配套对员工进行合规培训;需要通过各种方式提高员工对相关违法犯罪行为的认知度，同时向员工传达公司禁止员工实施犯罪行为的明确立场，及相应的处置制度，履行公司的合规监管义务。

3. 制定对外的合规制度

公司对外的合规制度，主要是针对公司与用户的关系。公司的刑事风险主要来自用户的行为，用户的犯罪行为可能会导致公司面临刑事风险。因此，该公司的刑事风险防范体系建设，需要重点规范公司与用户的关系，规范用户的行为，制定针对用户的合规制度。一方面，合规制度需要明确公司与用户的关系，两者不存在人员管理关系、雇佣关系。公司提供网络平台中介服务，从用户的收益中获得分成。用户需要为自己的行为承担法律责任，公司则需要为用户行为的合规性承担监督责任。另一方面，合规制度需要规范用户的行为。用户为了提高创收，吸引流量和资金，可能会触犯法律底线，实施相关违法犯罪行为，针对这种可能性，公司需要制定明确的用户行为规范、文明公约之类的文件，并且定期更新、公告，明确所有用户的禁止性行为，以及相应的惩罚规则，让男女用户都了解公司的规则和制度，及时提醒用户避免上当受骗等。在规章制度及日常经营中，公司需要以实际行动直接表明对用户违法犯罪行为的立场和态度，公司并不默许、放任用户的犯罪行为，禁止用户以任何形式实施违法犯罪行为，从而树立公司正面的文化形象。这些定期更新、公告的行为规范、文明公约等，就是公司对用户行为尽到合规监管义务的基础证据材料。

4. 搭建合规业务流程

公司开发新产品、上线新业务、与用户的签约、支付结算、对用户行为监管处置等日常运营流程，都需要合规人员的审批或审查，让公司合规审查或审批成为日常经营流程中必经的环节，以及时发现、纠正公司经营过程中的不合规行为。因此，公司需要搭建业务流程的合规审批制度，对业务流程进行"合规化改造"，以适应合规审批和防范刑事风险的需要。

（三）刑事风险防范体系的真实运行

公司的上述风险防范体系及配套制度措施，不能停留在纸面上，还需要落到实处。简言之，公司需要践行合规经营的要求，践行对违规行为的举报、发现与惩处制度。一旦公司收到员工、用户违法犯罪行为的投诉、举报,公司就必须作出回应和处置。因为在刑事裁判中,公司收到对用户违法犯罪行为的投诉、举报,就可以认定公司此时已经知道或者应当知道相关违法犯罪行为,公司对用户所投诉、举报违法犯罪行为的处置态度,就直接决定了公司对相关违法犯罪行为的容忍度,进而作为评判公司是否需要承担法律责任的重要依据。为此,结合该公司的实际经营模式和规模,公司落实合规监督至少需要从以下三个方面着手。

1. 完善投诉、举报的渠道

公司需要设置对违法犯罪行为的投诉、举报渠道,包括对用户违法犯罪行为的举报和对公司员工违法犯罪行为的举报。公司需要在显著的地方公示投诉、举报渠道,并在涉案软件中嵌入对违法犯罪行为的举报、投诉渠道。

2. 落实对员工的合规监督

公司需要根据规章制度,对员工的违规行为进行处置,一旦发现公司员工实施了帮助用户实施违法犯罪的行为,或者员工向用户错误传达了公司放任、鼓励、暗示甚至帮助用户实施违法犯罪行为的信息,公司要切实作出惩处。这些对违规员工的监督案例材料,可以很好地证明公司对员工合规监督的制度并非形同虚设,公司的刑事风险防范体系是有效运行的。

3. 落实对用户的合规监督

公司制定的一系列行为规范、规章制度是否形同虚设,是否"说一套做一套",直接体现在公司对用户投诉、举报的处置上。在司法实践中,很多公司涉嫌刑事风险时被推定知道或者应当知道相关犯罪行为发生,主要依据就是公司在接收到投诉、举报后,没有积极处理,甚至还继续帮助相关人员实施违法犯罪行为。

公司需要建立并运行针对主要刑事风险的合规体系,同时合规经营的各项制度措施要处处留痕,有据可查,确保合规体系确实能有效运行,并能充分举证证明公司合规体系能有效运行。如此,公司就可以最大限度地防范刑事风险,避免因部分用户及个别员工的犯罪行为遭受刑事风险。

上述案例就是企业进行刑事风险防范体系建设的雏形实例。具体实操中，要做的刑事风险防范措施更多、更细致。后文将详细论述企业进行刑事风险防范体系建设的流程、原理。

第二章
CHAPTER 02

风险防范的基础理论

近年来,企业合规治理兴起,2018 年被称为中国的“合规元年”[1],公司治理正式进入“合规时代”[2]。刑事犯罪直接关系到个人的财产、自由乃至生命,因此备受重视。企业犯罪时,面临被追究刑事责任的,不仅有企业,还有企业的责任人员。《刑法》第 31 条中规定,“单位犯罪的,对单位判处罚金,并对其直接负责的主管人员和其他直接责任人员判处刑罚”。单位犯罪对单位的主管人员、责任人员而言,也是关系其财产、自由乃至生命的大事;对于企业经营者而言,他的刑事风险会比非企业经营者的刑事风险更大,因为企业经营者不仅需要为自己的行为承担刑事责任,还需要为企业的犯罪行为承担刑事责任,而企业的犯罪行为往往直接受到所有员工行为的影响。某些企业员工为了企业利益、以企业名义实施的犯罪行为且主要获益归属于企业,这就基本符合单位犯罪的条件,此时只要企业面临刑事风险,企业的经营者就面临刑事风险。在员工的行为没有得到有效规制的情况下,企业及其经营者的刑事风险非常大。因此,很多企业经营者逐渐意识到合规经营和防范刑事风险的重要性。

---

〔1〕 陈瑞华:《企业合规基本理论》(第 2 版),法律出版社 2021 年版,第 151 页。

〔2〕 赵阳:《行政合规整改嵌入监管体系的路径及制度保障》,载《西南政法大学学报》2023 年第 2 期。

第一节
企业合规的界定

一、企业合规的定义

关于企业合规的概念,在当前诸多规定中有非常明确的界定。最高人民检察院涉案企业合规研究指导组编写的《涉案企业合规办案手册》认为,企业合规,是企业通过优化治理结构、健全规章制度、建设合规文化,应对合规风险的管理体系,是为了防范、发现和应对合规风险而建立的一套完整的内部控制机制,属于现代企业治理结构的重要组成部分。[1] 国家发展改革委等部门制定的《企业境外经营合规管理指引》认为,合规,是指企业及其员工的经营管理行为符合有关法律法规、国际条约、监管规定、行业准则、商业惯例、道德规范和企业依法制定的章程及规章制度等的要求。国务院国资委制定的《中央企业合规管理指引(试行)》第2条规定,合规,是指中央企业及其员工的经营管理行为符合法律法规、监管规定、行业准则和企业章程、规章制度以及国际条约、规则等的要求。《合规管理体系指南》(GB/T 35770—2017)认为,合规意味着组织遵守了适用的法律法规及监管规定,也遵守了相关标准、合同、有效治理原则或道德准则。若不合规,组织可能遭受法律制裁、监管处罚、重大财产损失和声誉损失,由此造成的风险,即为合规风险。

上述企业合规的诸多概念都是大同小异的。在合规义务的主体方面,企业组织本身,直接控制或者参与企业决策、经营、管理的实际控制人、股东、管理层、经理层、普通员工,以及与企业经营管理发生联系的客户、供应商、经销商、承包商、中间商等业务伙伴,都是合规义务的主体。[2] 在合规义务的来源方面,“合规之‘规’既有外部规范,也有内部规范,既有强制性

〔1〕 参见最高人民检察院涉案企业合规研究指导组编:《涉案企业合规办案手册》,中国检察出版社2022年版。

〔2〕 参见刘相文等:《中国企业全面合规体系建设实务指南》,中国人民大学出版社2019年版。

规定,也有非强制性规定"[1]。"'合规'中的'规',既不是'规范',更不仅限于企业'规章'。它是指'合规规范',其范围要比法律法规、规范或者企业规章广得多。"[2]综合来看,合规中的"规"包括法律法规、国际条约、监管规定、行业准则、商业惯例、道德规范、企业规章制度等,涉及方方面面,非常宽泛。

二、企业合规的价值

企业作为一种组织体,一旦受到处罚,就不可避免地会"殃及池鱼",对广大企业员工、股东、债权人甚至社会公众的利益产生负面效应。[3] 企业合规不仅能创造管理价值、经济价值和社会价值,还能帮助企业规避民事责任和刑事责任,降低风险处置成本。

合规产生管理价值。完善公司法人治理结构,完善公司的规章制度,明确各部门的职责权限,填补管理空白,让公司的组织、制度和管理体系都更加完善,能有效提升企业的管理能力和管理效率,助益于企业内控制度的完善,产生管理价值。

合规产生经济价值。具备合规形象的企业,更能获得商业伙伴的认可,赢得良好的声誉和信任,从而获得商业机会、人才招聘等各方面的竞争优势,[4]进而形成良性循环,维护企业业务的稳定性和可持续性,带来更多的经济收益。

合规产生社会价值。企业违法犯罪往往意味着对生态环境、公共利益和社会稳定的危害,如企业的污染环境犯罪行为、食品安全犯罪行为等,都会对社会产生重大危害。而且,大企业犯罪行为导致企业经营状况不佳甚至破产,可能会造成巨额债务无法偿还、大量劳动者失业,引发社会不稳定

---

[1] 参见最高人民检察院涉案企业合规研究指导组编:《涉案企业合规办案手册》,中国检察出版社 2022 年版。

[2] 参见郭青红:《企业合规管理体系实务指南》(第 2 版),人民法院出版社 2020 年版。

[3] 参见林东品等:《我国企业刑事合规理论研究综述》,载《上海法学研究》2022 年第 23 卷。

[4] 参见刘相文等:《中国企业全面合规体系建设实务指南》,中国人民大学出版社 2019 年版。

因素。企业的合规经营,能够在方方面面减少违法犯罪行为对社会的危害。[1]

合规可以降低成本。企业合规能提高风险的识别、防控、处置能力,降低风险的处置成本。在合规风险转化为合规纠纷或者合规问题时,完善的合规体系可以为企业提供较为完整的案件信息和证据材料,帮助企业发掘更多的抗辩和免责事由,直接成为区分企业责任与员工责任、减轻企业法律责任的重要考量。[2] 如企业员工的行为对他人造成损失,可能会引发表见代理或者职务行为的问题,而让单位承担民事责任的法律后果。这对企业而言存在不可控的民事责任风险,企业员工越多,这种民事责任风险越大。如《民法典》第1191条第1款规定:“用人单位的工作人员因执行工作任务造成他人损害的,由用人单位承担侵权责任。用人单位承担侵权责任后,可以向有故意或者重大过失的工作人员追偿。”单位因为其工作人员执行工作任务而对外承担民事责任时,适用无过错原则,不以单位存在过错为条件。只要单位员工执行工作任务而发生犯罪行为导致他人损害,单位就需要对被害人承担相应的责任。但是,若企业有相应的合规制度,就有机会争取将员工个人的行为和企业的行为隔离,最大限度地避免企业为个别员工的违法犯罪行为“背锅”。

案例>>>

周某与中国农业银行股份有限公司××分理处、中国农业银行股份有限公司××支行合同纠纷案

周某与中国农业银行股份有限公司××分理处于2013年10月30日签订理财产品协议,2014年4月至2020年3月,周某先后在中国农业银行股份有限公司××分理处经理刘某的推荐、介绍下交易外汇理财产品,均未签订书面理财合同。2019年12月末,周某得知其购买的外汇理财产品出现问题,其投资款未能按时收回。于是,周某以他和银行形成委托理财关系,且

[1] 参见郭青红:《企业合规管理体系实务指南》(第2版),人民法院出版社2020年版。
[2] 参见刘相文等:《中国企业全面合规体系建设实务指南》,中国人民大学出版社2019年版。

刘某系履职行为为由，起诉要求中国农业银行股份有限公司××分理处、中国农业银行股份有限公司××支行承担连带责任，返还周某理财本金。

庭审中，银行向法庭提交了一系列证据，包括《中国农业银行严格禁止员工行为的若干规定》、《转发中国银监会关于印发银行业消费者权益保护工作指引的通知》、《银行业金融机构从业人员行为管理指引》和中国农业银行个人理财产品销售管理办法等，证明银行严禁工作人员私自向客户销售未经农行准入的产品；另外，银行还提供了2017年度刘某手写合规文化建设心得体会、2018年度××支行合规文化建设抄写禁止性规定，证明刘某深知私自向客户推荐第三方理财产品的后果，也自愿"坚持执行各项规章制度、合规经营、合规操作"，银行在日常监管过程中并不存在过错。该观点被法院认可，法院裁判银行在日常监管过程中并不存在过错，不需要承担退还本金的民事责任。[1]

第二节
企业合规的分类

根据不同的标准，企业合规可以有多种分类，难以全部总结概括。本书根据行业领域、企业性质、风险来源、法律渊源、业务区域、合规范围等标准，对企业合规作出分类，以便从多角度理解企业合规的概念。

一、以行业领域划分

不同行业的领域、业务模式不同，主要法律风险点不同，企业合规整改的重点工作也不同，可以根据行业的不同对企业合规进行分类。例如，高新技术行业常见的法律风险主要在串通投标、信息网络、数据安全、侵犯知识产权、侵犯公民个人信息等方面；互联网行业常见的法律风险主要在涉赌类、涉黄类、涉诈类、帮助信息网络犯罪活动等方面；环保行业、生产型企业

〔1〕 辽宁省长海县人民法院民事判决书，(2020)辽0224民初61号；辽宁省大连市中级人民法院民事判决书，(2020)辽02民终6161号。

常见的法律风险主要在污染环境、走私、虚开增值税专用发票等方面；报关行业常见的法律风险主要是以低报、伪报、夹藏等方式实施走私，以买单等方式实施骗取出口退税，以实施诈骗、逃避商检等方式骗取地方政府出口补贴资金等。相应地，不同行业的企业合规内容是有较大不同的。

二、以企业性质划分

以企业性质划分，企业合规分为国有企业合规、外资企业合规、私营企业合规等。企业的性质不同，其组织架构、经营管理模式、经营理念、监管要求等有很大差异，其合规整改的方式方法及整改重点也有较大区别。例如，国有企业的合规整改必须考虑党委或党总支的作用。又如，民营中小企业往往具有家族性，甚至全部股东都是亲属关系，此时企业合规整改就需要特别注重对法人治理结构的完善。诸如此类，企业性质不同，企业合规内容不同。

三、以风险来源划分

从法律风险来源区分，企业合规可以分为对外的企业合规和对内的企业合规。对外的企业合规是防范单位行贿、串通投标、虚开增值税专用发票、非法吸收公众存款、走私普通货物等企业自身的违法犯罪风险；对内的企业合规是防范员工实施职务侵占、挪用资金、非国家工作人员受贿、侵犯商业秘密、侵犯知识产权、侵犯公司数据等损害公司利益的违法犯罪风险。

四、以法律渊源划分

根据合规激励机制的法律渊源不同，企业合规可以分为刑事合规、行政合规和民事合规，三种合规根据不同的法律渊源获得不同的减轻责任、免除责任的激励。刑事合规旨在企业主动防范刑事风险，获得企业不构成犯罪的抗辩空间和证据材料，为案件的妥善处理争取更大的可能性，其法律渊源是刑事相关的法律、司法解释及其他规范性文件。

"行政合规整改是行政机关通过给违法违规企业设定外在义务，将合规机制纳入公司治理结构，督促企业建立一套良好运转机制的内部控制体系。”〔1〕行政合规旨在防范企业遭受行政处罚的风险，或者通过行政合规获得行政机关宽大处理的机会。证监会2015年制定的《行政和解试点实施办法》虽已被废止，但其中关于“行政和解”的定义仍可参考。行政和解，是指证监会在对公民、法人或者其他组织涉嫌违反证券期货法律、行政法规和相关监管规定行为进行调查执法过程中，根据行政违法行为人的申请，与其就改正涉嫌违法行为，消除涉嫌违法行为不良后果，交纳行政和解金补偿投资者损失等进行协商达成行政和解协议，并据此终止调查执法程序的行为。行政和解的重要内容就是企业进行行政合规整改以换取从宽处理的结果。例如，2019年，证监会与高盛（亚洲）有限责任公司、北京高华证券有限责任公司以及相关工作人员等9名行政和解申请人达成行政和解协议，企业及相关人员交纳行政和解金1.5亿元，并采取必要的合规整改措施，加强相关公司的内控管理，证监会终止对涉案企业和涉案人员有关行为的调查、审理程序。〔2〕

我国《民法典》对公司的民事合规性要求，既明确体现在民法基本原则的宏观布局中，同时也充分反映在法人、法律行为以及物权、合同、法律责任等具体法律制度的设计之中。〔3〕民事合规的目的主要包括两个方面：一方面，保障企业经营行为的法律效力，如恶意串通损害他人合法权益的合同无效，违背公序良俗的合同无效，违反法律、行政法规强制性规定的合同无效，出借人套取金融机构信贷资金又高利转贷给借款人的民间借贷行为无效，损害国家利益的合同无效等。〔4〕另一方面，最大限度地避免企业对外承担民事责任。《民法典》中有很多企业需要为员工的损害或者员工对外造成的第三人损害承担民事责任的条款，而企业尽责、没有过错，往往可以作

〔1〕赵阳：《行政合规整改嵌入监管体系的路径及制度保障》，载《西南政法大学学报》2023年第2期。

〔2〕参见中国证监会官网，http://www.csrc.gov.cn/csrc/c100028/c1001025/content.shtml，最后访问时间：2023年6月20日。

〔3〕参见赵万一、苏志猛：《民法典视野下公司合规制度的法律实现》，载《山东大学学报（哲学社会科学版）》2022年第5期。

〔4〕参见《民法典》、《全国法院民商事审判工作会议纪要》（法〔2019〕254号）。

为免除责任的理由。宏观层面的合规为民事活动提供准绳，微观层面的合规主要影响合同效力、作为附条件或附期限法律行为所附之条件或期限、合同变更或约定解除条件；实体方面，企业合规天然发挥民事责任的激励作用：构成过错推翻之事由、民事责任比例划分之依据，决定追偿权行使范围，特定情形下构成用人单位责任与员工责任例外切割之依据。[1]

例如，经营者、管理者、组织者的安全保障责任问题。《民法典》第1198条第1款规定，“宾馆、商场、银行、车站、机场、体育场馆、娱乐场所等经营场所、公共场所的经营者、管理者或者群众性活动的组织者，未尽到安全保障义务，造成他人损害的，应当承担侵权责任”，经营者、管理者、组织者如果采取了民事合规的一系列手段，证明其最大限度地尽到了安全保障义务，则可以作为免责的抗辩理由。

又如，员工履职行为的认定及责任承担问题。《民法典》第170条第1款规定，“执行法人或者非法人组织工作任务的人员，就其职权范围内的事项，以法人或者非法人组织的名义实施的民事法律行为，对法人或者非法人组织发生效力”，该规定对企业影响巨大，企业员工的行为是否属于履职行为决定企业是否需要对外承担民事责任。司法实践中，企业需要通过日常经营管理的规范性、权责分工的明确性等来证明个别员工的行为不是履职行为，企业不需要对外承担民事责任。

再如，表见代理的认定与责任承担问题。《民法典》第172条规定：“行为人没有代理权、超越代理权或者代理权终止后，仍然实施代理行为，相对人有理由相信行为人有代理权的，代理行为有效。”《最高人民法院关于当前形势下审理民商事合同纠纷案件若干问题的指导意见》（法发〔2009〕40号）第13条规定：“合同法第四十九条规定的表见代理制度不仅要求代理人的无权代理行为在客观上形成具有代理权的表象，而且要求相对人在主观上善意且无过失地相信行为人有代理权。合同相对人主张构成表见代理的，应当承担举证责任，不仅应当举证证明代理行为存在诸如合同书、公章、印鉴等有权代理的客观表象形式要素，而且应当证明其善意且无过失地相

〔1〕 参见李锦媛：《论企业合规的民法意义》，载《上海法学研究》2022年第13卷。

信行为人具有代理权。”在司法实践中，单位需要有充分证据材料证明其没有过错，客观上并未形成代理权的表见，主观上相对人并非善意，且存在重大过错等，这样才可能免除单位的民事责任。此时，企业就需要用民事合规的相关证据材料来证明企业自身免责、相对人的不慎，如企业相关民事合规的资料不充分，就很可能导致企业为员工的非履职行为承担民事责任。此类案例非常普遍。

以某汽车销售有限公司与债权人李某等人民间借贷纠纷案为例：

刘某系某汽车销售有限公司的品牌总经理，刘某任职期间，对外发生了诸多民间借贷，刘某无力偿还，就以向债权人出具证明的形式，将债务转嫁给公司，自认其在担任某汽车销售有限公司品牌总经理期间，因公司资金周转需要，向债权人借款××万元，该资金是为了公司运转而拆借，用于某汽车销售有限公司采购车辆等日常经营，该借款行为是其在某汽车销售有限公司工作期间的履职行为。据此，债权人向法院提起民事诉讼，要求某汽车销售有限公司承担还款责任。

债权人要求某汽车销售有限公司承担民事责任的主要理由是：刘某作为公司品牌总经理，债权人基于对其身份的信任而出借资金，即相信刘某系代表某汽车销售有限公司进行借款，因此，借款人是某汽车销售有限公司，某汽车销售有限公司应当还款。

一审、二审法院均判决认为：本案系刘某出面与债权人达成借款合意，债权人将款项转入刘某指定账户。根据《合同法》第49条[1]的规定，行为人没有代理权、超越代理权或者代理权终止后以被代理人的名义订立合同，相对人有理由相信行为人有代理权的，该代理行为有效。本案中，借款发生期间刘某系某汽车销售有限公司的品牌总经理，刘某也告知债权人借款用于某汽车销售有限公司的日常经营，债权人基于对刘某身份的信任，有理由相信刘某有权代表某汽车销售有限公司向债权人借款，以及借款用于

〔1〕 现对应《民法典》第172条。

某汽车销售有限公司的日常经营,债权人对借款的发生亦系善意。因此,对于涉案借款,刘某的代理行为有效,其代理后果应当由某汽车销售有限公司承担。而且,《民法总则》第170条[1]规定,执行法人或者非法人组织工作任务的人员,就其职权范围内的事项,以法人或者非法人组织的名义实施民事法律行为,对法人或者非法人组织发生效力。法人或者非法人组织对执行其工作任务的人员的职权范围的限制,不得对抗善意相对人。本案中,刘某系某汽车销售有限公司的品牌总经理,其以某汽车销售有限公司的名义向债权人借款,债权人对于刘某代表某汽车销售有限公司向其借款的行为是否属于刘某的职权范围或者是否超越了职权范围均不应必然知情,债权人有理由相信系某汽车销售有限公司借款,因此,该借款行为对某汽车销售有限公司发生效力。综上,法院确认债权人与某汽车销售有限公司之间形成借款合同关系,某汽车销售有限公司对涉案借款应当承担还款责任。

某汽车销售有限公司唯一能做的就是寻找此前公司各管理人员权责分明、管理规范、财务规范等各种合规证据材料,来充分证明刘某不能代表公司对外借款,公司也没有使用过涉案的资金,公司人员权责分明、管理规范、财务规范,公司不存在过错,债权人存在过错,并非善意,以证明公司与债权人之间不存在民间借贷关系。为此,某汽车销售有限公司提交了充分的材料,经过申请再审,检察院采信了某汽车销售有限公司提交的证据材料,支持了该公司的诉求。

检察院抗诉认为:证据材料显示,借款发生期间,刘某系某汽车销售有限公司的品牌总经理,其岗位职责是协助公司总经理开展工作,分管某品牌。其一,由于刘某仅是某汽车销售有限公司旗下品牌之一某品牌的总经理,既不是公司的总经理,更不是公司的法定代表人,根据相关法律规定及一般人的正常理解,代表公司对外借款亦不可能是其职权范围内的事项。而债权人在数次向刘某提供借款的过程中,并未要求刘某提供某汽车销售有限公司的授权手续,甚至未要求刘某出具借条。其二,证据显示,债权人将资金转入刘某指定的个人账户,未保持足够警惕,也未向某汽车销售有限

---

〔1〕 现对应《民法典》第170条。

公司核实,其明显具有过失。因此,债权人提供的证据不能证明其与刘某交易时,刘某具有代理某汽车销售有限公司实施借款行为的权利外观,并且表明其自身在交易过程中存在过失,其作为承担客观证明责任的一方,应当承担不利的诉讼后果,其要求某汽车销售有限公司承担还款责任的主张不能得到支持。最终,再审法院判决某汽车销售有限公司对涉案借款不承担还款责任,原审法院认定的基本事实缺乏证据证明,适用法律确有错误。

五、以业务区域分类

根据法域的不同,企业合规可以分为境内合规和境外合规,即防范触犯境内法律法规遭受法律风险与防范触犯境外法律法规遭受法律风险。这对跨国企业尤为重要,跨国企业往往既要防范境内法律风险又要防范境外法律风险。因此,业务所涉法域不同,所需做的合规内容则不同。

六、以合规范围分类

根据企业合规的内容范围的不同,企业合规可以分为全面合规和专项合规。顾名思义,全面合规旨在建立一套全面的合规系统,试图防范公司的所有法律风险。专项合规,是指企业针对特定领域的合规风险,为避免企业因为该领域的业务活动而遭受违法犯罪风险,所进行的专项合规整改。

第三节
刑事风险防范的界定

一、刑事风险防范的定义

企业合规是一种基于合规风险防控而建立的公司管理体系[1];刑事风险防范则是指企业为了防范刑事风险而建立的公司管理体系,为避免企业

〔1〕 参见陈瑞华:《合规整改中的高层承诺原则》,载《法律科学(西北政法大学学报)》2023 年第 3 期。

或企业员工相关行为给企业带来的刑事责任，企业以刑事法律的标准来识别、评估和预防公司的刑事风险，制定并实施遵守刑事法律的计划和措施。[1] 企业合规是法治社会背景下企业可持续发展的基础，而企业刑事风险防范则对整个企业至关重要。

尽管企业刑事风险防范也即企业内部刑事领域的合规只是企业合规计划的一个组成部分，但确是企业整个合规体系最重要的部分，是企业合规经营的最低要求。一旦触碰刑事法律，则企业及其实际控制人、相关责任人员都面临刑事追责。对于企业而言，一旦没有做好刑事风险防范，触犯刑律，企业的正常经营乃至生存，都面临严峻的挑战，其他方面的所谓企业合规就完全无从谈起。对于企业实际控制人而言，没有做好刑事风险防范，苦心经营的企业都可能面临重整乃至破产的局面，如众多上市公司财务造假案发后上市公司被破产、重整，甚至实际控制人被"剔除出局"。对于企业员工而言，刑事风险防范不仅关乎他的工作，还关乎他的自由、财产，关系他的个人命运、家庭命运。因此，企业做好合规工作，防范各种法律风险，尤其是防范刑事风险，对企业及其实际控制人、员工，都意义重大。

二、企业刑事风险防范的动力

企业刑事风险防范对于企业而言是一项管理运营的成本，作为追求效益的营利组织，有收益才会付出成本。企业刑事风险防范的收益就是企业进行企业刑事风险防范的动力。企业刑事风险防范的动力，主要是法律上的激励机制，即降低违法犯罪被处罚的可能性和处罚力度。企业刑事风险防范能大幅度提高经营活动的合法性，帮助企业及早发现预防刑事风险。

但是过去的激励机制中企业始终处于被动地位，企业是否会被追究刑事责任、企业合规有多大的激励作用，主要取决于刑事司法政策和司法机关的自由裁量权。在企业刑事风险防范的激励作用中，最重要的应该是其对企业隔离犯罪风险的作用。企业建立了有效的刑事风险防范体系，即使发生了员工的犯罪行为，该风险防范体系也能在企业行为与个人行为之间建

---

〔1〕 参见孙国祥：《刑事合规的理念、机能和中国的构建》，载《中国刑事法杂志》2019 年第 2 期。

立“隔离墙”,有效地区分企业犯罪和个人犯罪,大幅度降低企业被认定为犯罪的风险。

三、全面刑事风险防范与专项刑事风险防范

在刑事风险防范的司法实践中,意义重大的两种分类是:全面刑事风险防范与专项刑事风险防范。这种分类直接影响企业合规整改的范围、期限、程序、成本,企业的积极性,合规顾问律师的工作量等,该区分有一定的现实意义。

全面刑事风险防范旨在全面防范企业的各种刑事风险。包括:(1)预防、制止企业有意识的犯罪行为。部分企业明知某些行为有犯罪风险,但是在高额利益的吸引且没有想到替代性合规措施的情况下,铤而走险,导致企业陷入法律风险。(2)预防、制止企业的无意识犯罪。企业的经营模式、经营行为涉嫌犯罪,但是企业及其员工并未意识到这是犯罪行为,导致企业陷入法律风险。(3)预防、制止企业内部的犯罪腐败行为,包括企业员工的职务侵占、挪用资金、商业贿赂等。(4)预防、制止企业的关联方、合作伙伴实施损害企业利益的犯罪行为,为企业与重要关联方、重要合作伙伴的合作业务进行法律风险审查。(5)防范高级管理人员、实际控制人的法律风险。企业的高级管理人员、实际控制人其实也是犯罪行为的高发人群,可能会涉及公司资金的运用、信息披露、财务制度的实施等方面的法律风险。(6)防范企业的重大投资、并购、重组等重大项目的法律风险等企业各种刑事风险。

专项刑事风险防范旨在针对企业的高发刑事风险点,进行有针对性的合规整改,防范高发刑事风险。例如,企业存在走私犯罪刑事风险,可以进行货物进出口的专项刑事风险防范整改;企业存在贿赂犯罪、串通投标等不正当竞争相关刑事风险,可以进行反腐败、反不正当竞争的专项刑事风险防范整改。

专项刑事风险防范与全面刑事风险防范的区别只在于合规整改的内容范围不同。但无论是专项刑事风险防范还是全面刑事风险防范,刑事风险防范的要素是一致的。

对企业进行全面刑事风险防范整改往往难以实现,原因如下:其一,刑事犯罪风险难以被全面识别。企业日常经营管理过程中的每一个环节,包括金融监管、知识产权、市场交易、财务税收、安全生产、环境保护、劳动用工等,都可能产生犯罪行为,企业客观上难以识别并全面防范企业的全部刑事风险。其二,全面刑事风险防范并没有评判标准,企业的刑事风险防范体系能否防范全部刑事风险,难以评估量化。其三,全面刑事风险防范无疑会对企业产生较大的成本负担,收益与成本不匹配,企业落实刑事风险防范体系的积极性不高。

绝大部分企业往往只能以高发的法律风险点为基础进行相对全面的风险防范整改,虽然有一系列的整改措施,但考虑到风险防范监管的成本,往往将整改重点集中在公司重点业务领域、法律风险高发领域,如税收风险防范、环境资源保护风险防范、知识产权保护风险防范、数据安全风险防范、安全生产风险防范、发票管理风险防范、商业贿赂风险防范等。企业风险防范的灵魂并不是大而全的风险防范体系,大而全往往效果不佳。

司法实践中,企业进行刑事风险防范往往是针对企业的高发刑事风险点,兼顾其他常见刑事风险。既突出对企业主要刑事风险点的防控,也强调刑事风险防范整改措施对其他刑事风险的防控作用。

以某公司侵犯知识产权刑事风险防范整改案为例:

顾问律师通过与企业员工谈话、查阅案卷材料等方式进行尽职调查,寻找犯罪成因,梳理企业日常经营过程中的风险防范管理漏洞,协助企业成立风险防范工作领导小组,开展包括修改公司章程,调整人员架构,成立风险防范部门,聘任专职风险防范人员,制定知识产权管理制度、侵犯知识产权的刑事风险审查细则、合同审批合规流程、保密管理制度等多项风险防范制度,建立违规事件的举报途径、处置程序、奖惩措施等制度;开展以刑事风险防范、知识产权保护培训为主,囊括与知识产权相关的其他民事责任、行政责任的多种类培训;外聘顾问律师定期对企业进行风险防范评估,进行了相对完整的刑事风险防范整改。

该案的刑事风险防范整改以侵犯知识产权犯罪专项风险防范为主，兼顾防范日常经营中的其他刑事风险。一方面，企业刑事风险防范围绕侵犯知识产权犯罪风险进行整改，重点防范的就是侵犯知识产权犯罪风险；另一方面，企业的风险防范整改措施无疑对其日常经营中的其他刑事风险同样有监督作用，如合同审批流程的完善、合规部门的运行、合规人员的履职等，让企业能够及时发现并采取有效措施防范其他刑事风险。

四、刑事风险防范的特征

1. 防范目的

企业主动开展刑事风险防范的目的，是发现企业经营过程中存在的刑事风险点，再通过合规整改试图消除刑事风险，最终达到预防刑事犯罪的效果。但由于企业效益、营商环境、司法环境的问题等诸多原因，大多数企业在经营过程中完全消除风险需要付出巨大的成本，因此，企业进行刑事风险防范更重要的目的，是通过设置防范措施，避免企业受犯罪行为的牵连，而不是彻底预防刑事犯罪；或者通过刑事风险防范，为企业防范刑事风险提供有效的隔离手段，为日后可能发生的刑事风险留下辩护空间和证据材料，这是推动企业积极主动进行刑事风险防范整改的现实激励。

2. 涉及的犯罪类型

企业进行主动刑事风险防范，没有任何限制，其对任何可能涉及的犯罪风险都可以积极主动采取刑事风险防范的整改措施，最大限度防范相关刑事风险。

3. 风险防范启动方式

主动刑事风险防范没有启动方式、启动时间的限制，犯罪产生前、产生后，或者案发前、案发后，企业都可以主动进行刑事风险防范整改，不需要经过司法机关的批准。

4. 主导机构

主动刑事风险防范是企业主导进行的，企业自行进行刑事风险防范整改或者主动聘请合规顾问律师协助其进行风险防范整改，没有司法机关和第三方组织的参与,也不需要接受司法机关和第三方组织的考察。

5. 整改期限

主动刑事风险防范整改没有期限上的要求,完全由企业内部自发进行。企业可以根据实际整改内容,自行决定风险防范整改的期限,没有硬性要求。

6. 监督机制

主动刑事风险防范没有程序上的要求,企业不需要向司法机关或第三方组织汇报,完全是其内部根据实际经营情况和整改内容自发进行的整改。

7. 整改流程

实际操作过程中,根据合规顾问律师的习惯以及企业的实际情况,主动刑事风险防范整改的流程不是固定的。总体而言,企业主动刑事风险防范整改的流程为:风险防范启动会后,首先对企业自身进行尽职调查,了解其高发刑事风险,针对高发刑事风险进行整改,消除或者隔离刑事风险;然后建立刑事风险防范体系,通过合规培训、制定合规手册和员工手册、签署合规承诺书等,让企业刑事风险防范体系切实运行。

8. 整改后果

风险防范整改到位,能够最大限度地防范企业的刑事风险,即预防犯罪,避免刑事风险,将企业与员工的犯罪切割;反之,则难以起到实质性防范刑事风险的作用,难以为企业及其实际控制人、各级管理人员提供有效抗辩的空间和证据材料。

案例>>>

张家港保税区某某国际贸易有限公司涉嫌虚开增值税专用发票罪整改案[1]

2016 年 8 月至 2020 年 3 月,张家港保税区某某国际贸易有限公司在没有真实运输往来的情况下,以支付开票费的方式接受开票单位河南某某运

〔1〕 江苏省张家港市人民检察院不起诉决定书,张检四部刑不诉〔2021〕Z200 号。

输集团有限公司某某分公司、尉氏县某某运输有限公司、上海某某货物运输服务有限公司、上海某某货运代理服务部、上海某某物流有限公司开具的增值税专用发票,共计387份,价税合计23,167,930元,税款合计2,238,479.98元。上述发票均已经由张家港保税区某某国际贸易有限公司申报抵扣。案发后,国家税款损失已挽回。2021年5月21日,张家港保税区某某国际贸易有限公司主动提供书面合规承诺,制订合规计划,进行合规建设,并且评估合格。

9. 律师工作

在主动刑事风险防范整改中,合规顾问律师实际从事的是"辩护前置"的工作,即将辩护经验运用于刑事风险防范,为企业应对高发刑事风险提前准备辩护工作。

五、刑事风险防范关乎企业生存

相较于其他违法行为,刑事犯罪对企业的影响更大,很多案件中,刑事犯罪会影响企业的生存。根据《公司法》《证券法》的规定,因贿赂犯罪被判处刑罚的行为人,不得担任公司的董事、监事、高级管理人员,其作为发行人及控股股东、实际控制人的公司不得首次公开发行新股。最高人民检察院等部门制定的《关于在工程建设领域开展行贿犯罪档案查询试点工作的通知》第3条第2款第2项规定:"对经查询有行贿犯罪记录的单位或个人,应当依照法律规定和管理职权,根据不同情况作出以下处理:(1)取消或者限制其在一定时期或者永久进入本地区或者本行业建筑市场;(2)取消其投标资格或者扣除一定的信誉分;(3)如情节严重,依法降低其资质等级或者吊销其资质证书。"国务院制定的《关于"先照后证"改革后加强事中事后监管的意见》第4部分"完善协同监管机制"第11条也明确规定,"在经营、投融资、取得政府供应土地、进出口、出入境、注册新公司、招投标、政府采购、获得荣誉、安全许可、生产经营许可、从业任职资格、资质审核等工作中,将信用信息作为重要考量因素,对被列入经营异常名录、严重违法失信企业名单、重大税收违法案件当事人名单、失信被执行人名单、行贿犯罪档案等失信主体依法予以限制或禁入，形成‘一处违法，处处受限’的联合惩戒机制”。因此，完善的刑事风险防范体系，既是企业的无形资产，也是企业“软实力”的重要体现。建立刑事风险防范体系，能够帮助企业防范刑事风险，避免因犯罪记录对生产经营产生一系列重大影响。

实际上，即便是被认为经营比较规范的上市公司，也离不开刑事风险防范。相较于中小非上市公司，上市公司经过多方审查才达到上市的合规要求，且上市后接受公众监督和交易所和证监会的监督，各方面都会比较规范。但是，上市公司的合规经营，主要是为了符合监管要求，符合《证券法》《首次公开发行股票注册管理办法》等法律法规的要求。而刑事风险防范的目的是防范公司刑事风险以及公司遭受刑事犯罪侵害的风险，两者的目的是不同的。上市公司即使一直合规经营，员工的犯罪行为也可能被认定为上市公司的单位犯罪。在不进行刑事风险防范的情况下，上市公司很难防范因为员工实施犯罪行为而招致的刑事风险，也很难预防并及时制止公司员工的内部腐败，以及其他损害公司利益的犯罪行为。

相较于普通公司，刑事犯罪对上市公司的影响更大，上市公司更需要刑事风险防范。一旦上市公司遭到刑事处罚，除了股价受影响，其相关资质或行政许可也可能被撤销，业务可能会面临巨大损失；企业责任人将承担刑事责任，影响其担任上市公司高级管理人员的资格。

案例>>>

空客公司贿赂案〔1〕

空客公司因为在全球范围内行贿政府官员、非国有航空公司行政主管而同时触犯美、英、法三国的反贿赂法律，且由于其同时违反了美国的《武器出口管制法案》及《国际武器运输条例》，从而被科以39亿美元的高额罚金。这也是迄今为止最大一笔全球外国贿赂罚款。

〔1〕《美英法痛下杀手：空客因全球行贿等被罚39亿美元》，载搜狐网2020年2月1日，https://www.sohu.com/a/369873529_733746。

西门子"贿赂门"案

2006 年 11 月 25 日,西门子公司特大贿赂案曝光。2007 年 2 月 3 日,美国司法部就西门子公司贿赂丑闻进行调查。2007 年 4 月 23 日,西门子公司监事会主席辞职。2007 年 8 月 25 日,西门子公司贿赂案波及中国。2007 年 9 月 16 日,西门子公司"贿赂门"中间人浮出水面。2008 年 5 月 27 日,西门子公司行贿案调查范围扩大到 10 多个国家。2001 年 3 月到 2007 年 9 月,西门子公司至少有 4283 个行贿项目,涉及金额高达 14 亿美元。[1] 这使有着数百年历史的德国工业巨人深陷"贿赂门"的泥沼。2008 年年底,西门子公司以 13 亿美元的天价与美国政府和德国政府分别达成和解协议。该刑事犯罪给西门子公司带来严重的信誉危机,天价罚款在当时一度使这家百年老店身陷史无前例的危机当中。面对这样的信誉危机和财务危机,西门子公司的重生方式,就是建立一整套庞大的合规体系。[2]

刑事风险防范对企业的生存发展非常重要,是企业稳健经营不可或缺的要素,企业很容易因刑事犯罪而面临生存危机。"刑事领域疏忽的是 1% 的错误,但是会导致 100% 的企业失败。"[3] 最典型的例子是安达信会计师事务所因故意毁损相关审计文件于 2002 年被判处妨碍司法罪,由于美国证券交易委员会禁止上市公司聘请曾被判重罪的会计师事务所进行审计,原五大会计师事务所之一的安达信会计师事务所从此没落。[4]

六、刑事风险防范关乎社会稳定

企业犯罪,尤其是上市公司等大企业的犯罪,所带来的社会影响是巨大

[1] 参见李高超:《西门子:廉洁的业务才能做得更好》,载《国际商报》2009 年 11 月 23 日,第 3 版。

[2] 参见霍玉菡:《由西门子公司重建合规体系说开来》,载《中国贸易报》2009 年 11 月 19 日,第 3 版。

[3] 韩轶:《企业刑事合规的风险防控与建构路径》,载《法学杂志》2019 年第 9 期。

[4] 参见张亚逸:《公司犯罪追诉的新路径:以美国暂缓起诉协议为中心》,载《苏州大学学报(法学版)》2020 年第 3 期。

的，除了会威胁企业本身的正常经营和存续外，还会引发一系列的社会不稳定因素。比如，上市企业大量员工的就业安置问题，大量股东（股民）的权利保护问题，上下游产业链相关供应商、经销商的正常运营问题，银行贷款、企业债券等债权人权利保护问题。如上市企业体量比较大，则其犯罪可能触发债务危机、供应商挤兑、员工失业等一系列严重风险，甚至引发地区金融风险，形成所谓"水波效应"。[1] 因此，企业刑事风险防范也关乎社会稳定。

"对于国家和企业而言，主动预防违法行为无疑是双赢的选择。"[2]企业主动预防单位犯罪，能尽量避免对企业经营、员工利益、第三方利益等造成的不利影响，减少社会不稳定因素。

---

〔1〕 孙国祥：《刑事合规的理念、机能和中国的构建》，载《中国刑事法杂志》2019 年第 2 期。

〔2〕 周振杰：《企业适法计划与企业犯罪预防》，载《法治研究》2012 年第 4 期。

第三章
CHAPTER 03

刑事风险防范体系的构建

第一节
刑事风险防范体系的界定

刑事风险防范体系如何界定，这是刑事风险防范理论和实践绕不开的基础问题。其既是刑事风险防范理论研究的重要问题，也是企业进行刑事风险防范整改的“纲领性”问题。刑事风险防范体系如何界定，应首先予以明确，否则合规整改就盲目了。

一、刑事风险防范体系与合规整改

企业风险防范，是企业通过优化治理结构、健全规章制度、建设合规文化，建立应对风险、防范风险的管理体系。企业为防范刑事风险，通过优化法人治理结构、成立合规部门、健全各项规章制度、规范各项业务流程、建设合规文化等手段进行风险防范整改，而建立起来的一整套管理体系，就称为风险防范体系。合规体系是一个有机的整体，是企业进行的所有合规整改工作的最终成果。合规体系与刑事风险防范体系，两者是包含关系。刑事风险防范体系是合规体系的一部分，侧重于对刑事风险的防范。

（一）刑事风险防范体系是整改的“施工图纸”

对企业和合规顾问律师而言，刑事风险防范体系是企业刑事风险防范整改的“施工图纸”，直接指引企业如何采取具体的整改措施、如何开展刑事风险防范整改工作，决定了企业及顾问律师的工作内容和方向。

（二）刑事风险防范体系是整改的成果

对于企业实际控制人来说，企业为预防刑事风险防范而进行的整改效果如何，采取的风险防范措施是否真实落地，合规监督等能否有效进行，以上事宜的判断不能任性而为。整改的成果首先体现在刑事风险防范体系的建立。

案例>>>

邓某等人涉嫌违法发放贷款罪案〔1〕

某银行支行行长邢某某、工作人员崔某某、营业部主任田某某、营业部员工周某某等人涉嫌违法发放贷款罪，案发后，某银行针对经营过程中存在的制度不健全、管理不到位、责任不明晰等问题全面进行企业合规整改工作，经第三方组织评估认为，某银行已有效建立并有效运转了合规体系，合规整改合格。

检察院认为，邢某某等人实施了《刑法》第186条第1款规定的行为，其行为构成违法发放贷款罪。但其履职行为系某银行贷款审核发放中的一个环节，不应当对贷款发放承担全部责任；且其失职行为与银行内部管理制约机制不健全、规章制度执行不到位有着直接联系。银行在案发后全面进行了合规整改，经第三方组织考察评估结果为合格。邢某某等人归案后如实供述，自愿认罪认罚，其所在的银行向检察院出具意见，建议对其从宽处理。综合以上事实情节，邢某某等人犯罪情节轻微，检察院分别对邢某某等人作出不起诉决定。

二、刑事风险防范体系的要素

刑事风险防范体系应当包括哪些要素、由哪些内容组成，是顾问律师在

〔1〕山西省阳泉市城区人民检察院不起诉决定书，阳城检刑不诉〔2023〕6号、阳城检刑不诉〔2023〕7号、阳城检刑不诉〔2023〕8号、阳城检刑不诉〔2023〕9号、阳城检刑不诉〔2023〕11号、阳城检刑不诉〔2023〕12号、阳城检刑不诉〔2023〕18号。

刑事风险防范整改过程中开展工作的具体指引。合规体系与刑事风险防范体系是包含关系,刑事风险防范体系的要素可以参照合规体系的要素来界定。[1] 司法实践中,对于合规体系的组成要素,存在不同观点。

三大体系说。该观点认为,合规体系应当包括三大体系的内容:(1)识别体系。企业应当通过建立完善的定期报告、合规巡视、合规审计、内部监控等制度,建立违法违规线索识别预警机制。(2)防范体系。企业应当通过合规风险点评估,对风险高发的岗位、部门进行尽职调查以及定期对员工进行合规培训等,建立企业风险防控机制。(3)应对体系。企业应当通过配合监管部门调查,积极赔偿、补救、补缴税款、缴纳罚款,更新、健全整改方案等,建立企业违法违规行为应对机制。[2]

四大要素说。该观点认为,合规体系的要素包括但不限于以下四大要素:合规管理组织及其职责分工,合规管理专项计划,合规管理运行机制,合规管理第三方监督机制。

四梁八柱说。该观点认为,合规管理体系由"四梁八柱"组成,"四梁"即过程控制、合规制度、合规运行、合规保障,"八柱"即合规管理年度计划机制、合规风险识别预警机制、合规风险应对机制、合规审查机制、合规联席会议机制、合规管理报告机制、违规行为处罚问责机制、合规管理持续优化机制。[3]

六大体系说。该观点认为,合规体系应当包括合规义务体系、合规组织体系、风险防范体系、合规监控体系、违规矫正体系、合规评价体系等六大体系。[4]

九大要素说。该观点认为,针对涉案企业合规风险点构建有效的企业合规体系,包括但不限于合规政策与承诺、合规管理规章制度、合规组织架

---

〔1〕 各种文献资料中,有"合规管理体系""合规体系"等不同表述,笔者认为,"合规管理体系"和"合规体系"是相同的概念。如最高人民检察院涉案企业合规研究指导组编写的《涉案企业合规办案手册》中规定"企业合规,是指企业通过优化治理结构、健全规章制度、建设合规文化,建立应对合规风险的管理体系",企业合规本身就是一种合规风险管理体系,从避免语义重复的角度,本书认为"合规体系"的概念相对比较精简。

〔2〕 参见《佛山市顺德区人民检察院关于开展企业合规整改试点工作实施办法》第13条。

〔3〕 参见吕镇庭:《广东能源集团全链条合规管理闭环》,载《企业管理》2023年第5期。

〔4〕 参见江必新、袁浙皓:《企业合规管理基本问题研究》,载《法律适用》2023年第6期。

构、合规审查监督体系、合规风险预警及应对机制、合规审查评估机制、违规行为上报与举报机制、合规奖惩机制、合规文化培养机制等。[1]

十大要素说。ISO 37301(ISO 19600)、美国《反海外腐败法》(FCPA)、英国《2010年反贿赂法指引》、经济发展合作组织《商业机构反腐败及合规手册》、我国《中央企业合规管理指引(试行)》中,对合规管理体系的要素都有共同的10项要求:领导重视、合规制度化、合规文化、培训与教育、合规风险评估、合规报告、合规举报、合规监督、合规激励与惩罚、持续改进。[2]

十二步骤说。该观点认为,合规管理体系建设分为12个步骤:第1步,搭建合规管理组织体系;第2步,成立合规体系建设项目组;第3步,开展合规培训;第4步,诊断合规现状;第5步,制定体系建设方案;第6步,梳理合规义务;第7步,评估合规风险;第8步,制定合规应对措施;第9步,优化合规流程;第10步,完善合规制度;第11步,编制合规手册;第12步,宣贯合规手册。这12个步骤不仅适合企业建立统一的合规管理体系,也适合其建设专项合规体系。[3] 根据该观点,这12个步骤组成了合规管理体系的要素。

从理论层面,上述观点大同小异。在人员上,要求企业配备足够的人力作为合规管理人员,来保障合规制度的运行,并要求企业管理人员作出合规的承诺;在制度上,要求企业设置合规管理的制度,以及监测、举报、调查、处理违规事件的制度;在奖惩方面,要求企业营造合规文化,对合规行为与违规行为有相应的奖惩措施,通过培训予以宣传落实,并对合规事项进行持续监督、对合规制度进行持续改进等。

结合上述观点以及刑事风险防范实践经验,我们认为刑事风险防范体系应该包括八个要素:完善法人治理结构、建立合规管理机构、制定合规管理制度、搭建合规业务流程、建设合规文化、开展合规培训、进行合规监督与

---

[1] 《深圳市宝安区促进企业合规建设委员会企业合规第三方监督评估工作办法(试行)》第9条;《无锡市人民检察院企业合规权利义务告知书》。

[2] 参见李素鹏、叶一珺、李昕原编著:《合规管理体系标准解读及建设指南》,人民邮电出版社2021年版。

[3] 参见李素鹏、叶一珺、李昕原编著:《合规管理体系标准解读及建设指南》,人民邮电出版社2021年版。

考核、建立持续优化机制。刑事风险防范体系，就是通过对企业进行刑事风险识别，完善法人治理结构，建立合规管理机构，制定合规管理制度，对业务流程进行合规化改造，辅之以合规文化建设和合规培训、进行合规监督与考核，并持续进行优化，所形成的企业防范刑事风险的一整套管理体系。

第二节
建设刑事风险防范体系的前提条件

刑事风险防范有效的前提是“对症下药”，直接针对涉案企业的高发刑事风险点进行风险防范整改，对企业更有积极意义。刑事风险点的定位是企业刑事风险防范体系建构的前提，“驴唇不对马嘴”或者动辄“全面合规”，对大多数企业的刑事风险防范意义不大。毕竟，企业是以营利为目的的组织，企业的每一项经营管理活动都讲究成本和收益，全面合规会让企业产生过多的成本，难以建立、运转刑事风险防范体系。企业犯罪行为高发的风险点多种多样，有大多数企业共同的风险点，也有每个企业独特的风险点。刑事风险点的定位是刑事风险防范的前提，要兼顾企业刑事风险的共性与特性。共同的风险点主要有公司实际控制人、高级管理人员一味追求业绩、法治意识淡薄，缺少合规培训，导致业务流程不规范等常规刑事风险点；每个企业根据其业务特点不同，其刑事风险点也具有独特性。

一、企业常规的刑事风险点

企业涉及的常规刑事风险点，包括：管理层及员工合规经营意识不足，企业缺乏管理决策的监督机制，企业缺乏日常经营行为的监督机制，公司财务制度不规范，公司业务流程不规范，公司已有的合规制度形同虚设、未得到落实，等等。

（一）合规经营的意识不足

企业犯罪，部分是在公司高级管理人员主导下实施的；部分则是由一线业务人员为了业绩而以单位名义实施的，公司对此持默许、纵容甚至鼓励态度。挖掘企业发生犯罪行为主观方面的原因，主要是高级管理人员及员工法律意识不强。

从合规经营的知识层面来讲，企业管理层及员工缺乏相关的合规经营知识，对相关行为的刑事法律风险缺乏足够的认识和重视。企业在经营管理过程中，以业绩为核心导向，为了业绩敢于冒险，只重视对员工业务能力和专业能力的培训，对相关法律法规的学习和培训严重滞后，在规章制度中也未列明合规知识及合规义务，进而忽视相关刑事风险。

从合规经营的意识层面来讲，有的企业对于违法犯罪的行业潜规则习以为常，主动实施、积极配合其他企业实施涉案的违法行为，没有树立对法律的敬畏之心，怀有侥幸心理，导致很容易触碰法律底线。

案例>>>

某公司涉嫌单位行贿罪案

某公司用于行贿送礼的资金及其去向，都如实记录在财务凭证中，业务员以送礼名义支取钱款或者报销，在公司内部是正常的操作，即便写明用于行贿送礼的资金申请，也能获得审批通过。可见，该公司自上而下都达成了这样的共识：业务员为开拓业务，向有关国家工作人员或者其他企业的非国家工作人员实施贿赂行为可以向公司支取资金或者由公司报销。公司员工合规知识不足，合规意识缺乏，是导致公司产生刑事风险的重要原因。

留某等人涉嫌串通投标罪案

留某等人在微信群聊中明目张胆地商量、安排串标、围标的事情，分配各自的工作，这种做项目的方式是他们公司的常规手法，他们认为这是行业惯例，所有业内人士都是这样做项目。案发后，公安机关迅速固定所有的犯罪证据，留某等人及其所任职的公司都面临涉嫌串通投标罪的刑事风险。可见，在该案中，公司管理人员及员工缺乏合规经营的知识和意识，员工没有系统学习过《政府采购法》《招标投标法》《刑法》等相关法律法规，他们显然没有意识到其按照行业潜规则操作的行为属于串通投标的犯罪行为，会给其个人及公司带来刑事风险。

(二)缺乏管理决策的监督机制

公司法人治理结构不完善，股东会、监事会、董事会、审计监察机构等没有发挥合规经营的监督作用，并未真正权责分明、相互监督，公司法人治理结构形同虚设，导致公司决策权限高度集中在公司实际控制人手中，这是很多企业犯罪的重要原因。体现在公司业务运作上，公司业务流程的开展、财务流程的审批，都是采取自上而下单向的审批模式，决策缺乏监督制度约束，没有横向的监督审查，审批权力集中而无法被制衡。这就导致公司部分管理人员的犯罪行为直接代表了公司的意志，让公司陷入刑事风险中。

案例>>>

某公司涉嫌单位行贿案

该公司的两名股东是夫妻关系，其中一名股东并未参与公司实际经营管理，公司实际上等同于“一人有限公司”。而且，公司仅有一名监事，监事由股东会任命产生，而该股东又是公司的执行董事、总经理、法定代表人。因此，监事在公司日常经营管理过程中难以真正发挥作用，该公司就没有形成完善的法人治理结构，缺乏对决策的监督机制。

(三)缺乏日常经营行为的监督机制

公司日常经营过程中缺乏对违规行为的监督机制，也是公司发生刑事风险的重要原因。例如，公司的法务部只进行日常的合同审查、应对诉讼，对于公司业务部门、财务部门的工作流程无法提出审查监督意见，导致公司内部刑事法律风险无法防控。若法务、审计、纪检部门没有对违法犯罪行为进行干涉或者警告，公司员工实施的违法犯罪行为，就会让企业面临刑事风险。

例如，在某客运公司涉嫌单位行贿罪案中，我们尽职调查发现，该客运公司没有设立法务、审计、纪检监察等部门，仅有一名法务专员，其主要职责是审查合同及对合同进行编号，对公司资金支出和其他日常经营行为的合规性没有审查的权限，类似于行政人员。公司实际控制人利用公司"小金库"的现金向公职人员行贿，公司完全无法进行监督。在该案中，公司单位行贿犯罪问题暴露前，公司内部缺乏监督机制，未能及时发现、制止犯罪行为，最终导致公司面临单位行贿罪的刑事风险。

（四）公司财务制度不规范

企业涉嫌犯罪行为，财务部门在职责权限、审批流程、监管制度等方面存在不规范是重要原因，公司的资金被管理人员用于开拓业务等为公司利益而实施的犯罪，则犯罪行为与公司往往难以脱离关系，公司将面临刑事风险。

例如，公司贿赂犯罪的资金源于套取公司资金或者公司的账外资金，这为公司面临刑事风险埋下隐患。《会计法》第 9 条规定："各单位必须根据实际发生的经济业务事项进行会计核算，填制会计凭证，登记会计账簿，编制财务会计报告。任何单位不得以虚假的经济业务事项或者资料进行会计核算。"第 16 条规定："各单位发生的各项经济业务事项应当在依法设置的会计账簿上统一登记、核算，不得违反本法和国家统一的会计制度的规定私设会计账簿登记、核算。"如果公司存在大量的账外资金，违反《会计法》的相关规定，这些账外资金又为公司高级管理人员的贿赂犯罪提供了便利条件，则公司将面临刑事风险。如果公司财务制度规范，则可以在一定程度上提高利用公司资金实施犯罪行为的难度，有效防范此类刑事风险。

（五）公司业务流程不规范

公司大多数刑事风险都发生在具体业务过程中，公司具体业务的流程不规范会给犯罪行为留下空间。若公司缺乏对犯罪行为的监督、惩戒措施，又享受了犯罪行为带来的业务利益，则会变相鼓励员工开展业务时实施犯罪行为，每一个员工的此类为公司业务利益而实施的犯罪行为，都可能让公司面临不确定的刑事风险。

案例 >>>

某公司涉嫌走私普通货物罪案

该公司员工实施低报价格走私的行为，被海关部门税务稽查时发现。我们尽职调查发现，原来在公司日常经营过程中，公司业务人员几乎可以自行决定报价、自行处理报关单等所有事宜，只需口头向管理层汇报即可，甚至大部分业务都不需要汇报，管理层只关注业务量和营业额。业务员利用业务流程不规范的漏洞，为留住客户，获得更多的提成奖励，答应帮助客户修改价格、低报价格走私进口，最终实施了走私普通货物罪的犯罪行为。后来，公司高级管理人员通过一次偶然的机会才发现低报价格走私的情况，停止了员工低报价格走私的业务。但是，公司由于没有及时报告、补税，还是被指控涉嫌走私普通货物罪。该公司没有制定报关相关业务规范，导致业务员的违规操作难以被发现，业务员为了公司的业务，以公司名义实施低报价格进口的走私犯罪行为，导致公司面临为员工行为承担刑事责任的重大风险。

（六）已有的合规制度形同虚设

不少公司本身有一定的合规制度，比如，在财务管理、发票管理、招投标管理、资金支付审批等方面制定了相关的规范制度，如果严格遵守这些规章制度，无疑可以在一定程度上防范刑事风险。但公司实际经营过程中，并没有严格按照相关规定进行管理，相关业务规定、业务流程形同虚设，导致员工对外利用公司的资金、资料、名义等实施犯罪行为，给公司带来刑事风险。

案例 >>>

某公司涉嫌串通投标罪案

我们尽职调查发现，某公司的招投标流程及相关制度是存在的，虽然不是非常完善，但如果严格按照公司业务流程和相关制度规范操作，可以很大程度上避免投标违规行为。然而,该公司在开展投标业务的过程中,并没有严格按照公司制定的业务规范和相关制度进行,各个部门没有按照投标业务流程操作,招投标文件的制定、财务审批、投标文件的用章等都比较混乱,导致出现代写标书、冒充投标代表、私用账外渠道收付投标保证金、代收代付投标保证金等违法行为,让公司面临随时被追究串通投标罪的刑事风险。

二、企业独特的刑事风险点

分析企业的常规刑事风险点,对企业采取针对性措施进行刑事风险防范整改是必要的。但这对于企业刑事风险防范来说还不够。每个企业的主营业务、行业类型、人员规模、业务模式等都有所不同,其面临的主要刑事风险点也有所不同。企业刑事风险防范整改要重点针对企业主要刑事风险点进行,防范企业独特的高发刑事风险往往更为迫切。

(一)根据业务类型确定刑事风险点

从企业的业务类型往往可以看出其日常经营过程中可能触犯的刑事风险有哪些,以及可能导致刑事风险的不规范之处是什么。如果企业的主营业务是提供网络视频、聊天、支付结算等服务,那么企业的主要刑事风险点往往在于企业明知客户实施犯罪行为,仍然继续与客户建立合作关系,为收取服务费用而默许、放任、鼓励客户的犯罪行为,继续为客户的犯罪行为提供帮助,由此引发涉嫌与客户的共同犯罪或者帮助信息网络犯罪活动罪、拒不履行信息网络安全管理义务罪等刑事风险。如果企业的主营业务是数据类服务,那么数据来源、数据安全、数据管理等方面的不规范就往往是企业面临的重要刑事风险点。

以杭州T网络科技有限公司涉嫌帮助信息网络犯罪活动罪案为例:

杭州T网络科技有限公司(以下简称T公司)主营第三方互动式广告平台业务。2017年,该公司发现其互动广告业务中部分代理商可能存在发布彩票广告和疑似涉赌信息的情形,但为提升公司经营业绩,公司董事长、总裁等人商定,仍由公司销售部人员对接相关代理商,商谈投放费用;运营部人员落实广告投放平台、投放时间、投放区域,采用直推或加粉方式向网络平台推送广告及后续维护;商务部人员在网络平台购买广告位进行发布,处理投诉和相关舆情。

T公司的刑事风险点主要在于:公司内部风险管理水平与业务体量不匹配、广告审核制度不完善、线上风控技术能力较弱、内部核心岗位人员权责不明、制度建设未落实、人力及预算投入不够造成审核力度不足等。找到刑事风险点后,可以进行有针对性的刑事风险防范整改,包括:成立合规委员会,避免管理者个人意志左右公司合规决策;强化广告业务审核制度,对内全面更新广告业务内容审核制度,对外创设广告主身份认证规范,充分落实监管责任,避免第三方代理商及广告主违规发布不符合法律规定的广告;落实技术合规目标,加大技术研发投入,创设一系列广告落地监控手段,针对违法广告开发了一系列技术专利等。[1] 这一系列的整改措施,精准针对企业的业务引发的刑事风险,对该企业防范刑事风险非常实用。

以某网络科技有限公司涉嫌非法获取计算机信息系统数据罪案为例:

某网络科技有限公司是为本地商户提供数字化转型服务的互联网大数据公司。2019年至2020年,在未经上海某信息科技有限公司授权许可的情况下,为了吸引更多的客户,某网络科技有限公司提供了超范围数据服务,由公司多名技术人员,通过“外爬”“内爬”等爬虫程序,非法获取上海某信息科技有限公司运营的外卖平台数据,如店铺信息、订单信息等。该网络科技有限公司的业务是提供数据服务,因为数据的获取问题涉嫌犯罪。

显然,该网络科技有限公司的刑事风险点主要在于:数据的获取来源、数据的管理以及数据安全等方面不规范。那么,该公司的刑事风险防范就可以针对数据合规精准“开方”,从数据合规管理、数据风险识别、数据评估

〔1〕 浙江杭州T公司、陈某某等人帮助信息网络犯罪活动案,最高人民检察院涉案企业合规典型案例(第四批,2023年)。

与处理、数据合规运行与保障等方面着手,建立一整套的风险防范制度。(1)数据来源合规,彻底销毁相关爬虫程序及源代码,对非法获取的涉案数据进行无害化处理,实现数据来源合法化。(2)数据安全合规,通过设立数据安全官,专项负责数据安全及个人信息安全保护工作;构建数据安全管理体系,制定、落实《数据分类分级管理制度》《员工安全管理等级》;加入区级态势感知平台,提升安全威胁的识别、响应、处置能力,分拆服务,提高云访问权限,数据及时脱敏、加密,增强网络攻击防护能力。(3)数据管理制度合规,通过建立数据合规委员会,制定常态化合规管理制度。[1]

(二)根据所涉罪名确定刑事风险点

根据所涉的罪名也可以确定公司面临的主要刑事风险点。公司涉及串通投标罪、单位行贿罪、虚开增值税专用发票罪、污染环境罪、侵犯知识产权罪等,犯罪的手法往往是固定的、相似的,刑事风险点也往往是类似的,缺乏的刑事风险防范体系也是类似的。串通投标罪案件往往存在投标保证金的审批及支付不规范、投标文件的制作及盖章审批不规范等问题。单位行贿罪案件往往存在公司资金收支不规范、公司对用于贿赂的资金支出没有进行严格审批,甚至直接在财务单据中记录贿赂信息等问题。虚开增值税专用发票罪案件往往存在业务流程管理制度、财务制度、用章制度、合同管理制度等一系列不规范的问题,导致公司虚构业务、签订虚假合同,与关联企业违法走账,私下支付虚开发票资金,为滋生违法行为预留了空间。污染环境罪案件往往存在相关公司的废物处置流程缺乏有效合规监督的问题,导致企业处置废物行为发生污染环境的后果。诸如此类,通过罪名,我们可以基本确定公司的主要刑事风险点。

以某公司涉嫌串通投标罪案为例:

我们尽职调查发现,涉案企业的刑事风险点,除了业务员缺乏投标的合规意识外,还有企业的投标业务流程及相关制度严重不规范。在招投标过程中,招投标文件的制定、财务审批、用章制度不规范,导致围标企业之间相

[1] 上海Z公司、陈某某等人非法获取计算机信息系统数据案,最高人民检察院涉案企业合规典型案例(第三批,2022年)。

互代写标书、相互冒充投标代表、私用账外渠道收付投标保证金等行为屡屡发生；企业没有针对投标业务的合规审查制度，业务员也充分利用企业的这种态度，为获得业绩普遍自发组织围标、串标，实施犯罪行为，业务员的犯罪行为，直接给企业带来刑事风险。

为此，我们就需要针对企业刑事风险高发的招投标业务进行一系列的刑事风险防范整改措施，包括建立规范的招投标制度及流程，建立规范的投标线上审批系统，从项目初期决定是否投标的审批，到确定投标后申请缴纳投标保证金的审批，再到制作投标文件后申请使用公章的审批，使企业在投标项目的关键节点均有对应的合规审批与监督环节，将合规检查点嵌入投标具体业务流程之中，确保合规管控贯穿于投标业务活动的各主要节点之中；在投标保证金的缴纳以及标书用章的审批流程中，增设合规员的审批节点，实现对投标业务的合规监控；赋予合规员对发现的违规风险项目一票否决的权力等。

以某实业公司涉嫌单位行贿罪案为例：

我们尽职调查发现，公司单位行贿的风险点主要在于：公司的资金支付、报销、借支审批流程过于简单，只要总经理审批即可付款，总经理自己就可以决定所有的资金调配、使用事项，公司的财务制度不完善，财务审批流程形同虚设，结果导致总经理为了公司的业务而以单位名义实施行贿行为，直接让公司面临承担单位行贿罪的刑事风险。为此，我们就需要针对该公司的组织架构，资金调配、使用的权限和审批流程，设置一整套严密的刑事风险防范的制度。

在刑事风险防范整改时，企业需要完善财务审批制度，严格用款内容的审批，对于明显不合理、明显违规的用款，财务人员应当进行制止，并报告合规员，由合规部门进行审查处理，违规的款项支取应当明令禁止。企业可采取下列措施：(1)完善相应的财务管理制度，并严格遵守，禁止使用私账，禁止设立“小金库”。(2)强化财务人员对财务审批制度的执行力度，所有保证金的支出、费用的报销、请款等都必须在公司办公系统中统一申请、审批，审批通过后，才能用款或报销。禁止以“打白条”的形式违规审批、违规用款。(3)增设财务部门合规员对招待费、礼品费的报销审批监督权限。如果财务人员发现可疑费用、可疑发票，有权立即停止付款，并上报合规员，由合规部门进行审查处理。(4)调整公司组织架构，将负责日常经营管理的总经理与董事长的权限分开，预算内的日常支出均由总经理审批，进一步限制董事长的财务审批权限。

(三)根据犯罪手法确定刑事风险点

犯罪手法往往直接暴露了企业的合规管理漏洞。我们从犯罪手法入手，就可以确定企业的高发刑事风险点，进而有针对性地进行合规整改，弥补缺陷，有效防范类似刑事风险的发生。

以海南省文昌市S科技开发有限公司涉嫌掩饰、隐瞒犯罪所得罪案为例：

海南省文昌市S科技开发有限公司(以下简称S公司)厂长翁某某为解决生产原料来源问题，在明知涉案石英砂为非法采挖的情况下，仍予以收购，共计3.69万吨。随后，翁某某安排公司财务部门通过公司员工陈某某及翁某某个人账户，中转几手后，向非法采矿者支付涉案石英砂款共计125万余元。

S公司的刑事风险点在于合同签订履行存在违法风险，以及财务管理存在违规漏洞。针对该刑事风险点采取相应的刑事风险防范措施，重点是围绕建立健全内部监督管理制度进行整改，督促企业在业务审批流程中增加合规审查环节，建立起业务流程审批——法律事务审核(合规性审查)——资金收支规范——集团公司审计等四个方面全流程监管体系，有效防控无书面合同交易、坐支现金等突出问题。[1]

---

[1] 海南文昌市S公司、翁某某掩饰、隐瞒犯罪所得案，最高人民检察院涉案企业合规典型案例(第二批，2021年)。

以李某某等9人涉嫌保险诈骗案[1]为例：

李某某等人分别系汽车销售服务有限公司保险理赔经理、服务总监、保险理赔顾问、车间主任、维修技师，孙某等人系被保险车辆的车主。李某某等人为维系客户、提高业绩，从2019年开始，与到店维修车辆的多名顾客共谋，通过伪造事故现场、故意制造碰撞事故等方式编造出险事由，或者以其他车辆事故定损照片冒充实际发生事故车辆照片夸大损失，骗取保险理赔款，其行为涉嫌保险诈骗罪。

李某某等人之所以利用职务之便实施保险诈骗，主要是因为公司没有制定严密的保险理赔管理制度，定损、维修、理赔、结算整个流程缺乏有效的监管，保险理赔顾问与财务人员、查勘定损人员职责不清，以及保险理赔与维修施工的衔接环节缺乏有效监管，导致部分员工为了维系客户、提高个人业绩，通过骗保的方式为客户修车，触犯了法律。为此，企业根据流程要素对车辆定损、维修施工、交车结算、交案回款、保险手续台账登记等项目进行整改，针对保险理赔制定细致的合规流程，实现了对保险理赔业务运营风险点的有效管控。该案中，涉案单位并不构成保险诈骗罪，但涉案单位的业务流程不规范导致了犯罪行为发生，企业也会因此引发相关法律风险。由此可知，通过犯罪手法，就可以快速确定涉案单位的业务漏洞，识别企业刑事风险点，采取针对性措施防范刑事风险。

第三节
完善法人治理结构

我们从办理的众多企业犯罪案件中发现，大多数被认定单位犯罪的企业都存在法人治理结构不完善的现象。企业内部控制的一整套合规制度体系能否得到贯彻执行，重点在于企业的治理结构设计是否合理。企业的治

[1] 北京李某某等9人保险诈骗案，最高人民检察院涉案企业合规典型案例（第四批，2023年）。

理情况如何,在很大程度上取决于法人治理结构是否完善。企业经营决策权过度集中,缺乏内部控制的相互制衡制度,企业实际控制人或部分高级管理人员可以操控企业,以企业名义、为企业利益实施违法犯罪行为,无疑就会为企业带来重大的刑事风险。因此,在企业刑事风险防范整改过程中,我们都需要关注企业法人治理结构是否完善的问题。“建立一个运作良好的合规顶层设计与组织体系,是确保日常性合规管理体系有效发挥作用的必要保证,是发挥业务部门第一道防线、法律合规管理部第二道防线、内部审计部门(含纪检监察部门)第三道防线的基本前提。”[1]

我国自1993年《公司法》颁布伊始,就确立了股东会领导下监事会和董事会并列的双层治理结构,由监事会独立行使对公司董事和高级管理人员的监督权,但监事会并未参与到公司具体的经营决策过程中,不享有必要的人事任免参与权、重要的管理人员薪酬同意权、重大经营业务的参与审核权等,其监督成效受到极大影响。[2] 司法实践中,这种法人治理结构对于防范企业刑事风险是远远不够的,监事会无法独立完成对企业合规经营的监督作用。企业刑事风险防范的重要内容之一就是对法人治理结构的调整和完善。

一、权力制衡

企业的法人治理结构是否完善,直接影响企业刑事风险防范是否有效、企业刑事风险防范体系能否正常运行。完善法人治理结构,就需要调整公司组织架构,避免经营决策权过度集中,建立平衡公司权力的制度,嵌入合规管理机构的监督机制,让企业的经营决策能受到有效的合规监督。只有对企业法人治理结构进行完善,才能让法人内控制度得到落实,避免在实施违法犯罪的问题上出现公司个别人员“一言堂”就决定以公司名义实施违法犯罪行为的局面。

---

〔1〕 翟文峰:《构建法律合规管理体系与法律合规部的日常管理模块——以地方资产管理公司为视角》,载《清华金融评论》2022年第5期。

〔2〕 参见崔文玉:《公司治理优化视域下的监事会制度重塑及其功能实现》,载《现代法学》2022年第6期。

以某公司涉嫌单位行贿罪案为例：

我们尽职调查发现，公司的控股股东、执行董事、总经理是同一个人。在企业合规整改初期，该公司成立合规整改领导小组，在没有合规顾问律师协助的情况下，自行开展整改工作。第三方组织在现场考察，了解公司的组织架构后提出，该企业整改的重点和难点在于权力制衡，建议公司建立权力制衡的制度。于是，公司采取了相应的完善法人治理结构的措施：在股东会下成立监事会，赋予监事会监督执行董事、监督公司日常经营活动的合法性等权利。同时在执行董事下设置合规部，负责对公司经营事项的合规审查。该企业认为，这应该是对法人治理结构的完善措施。

该整改措施是否完善了法人治理结构？第三方组织现场考察后，提出意见认为：该企业调整的组织架构，并未完善法人治理结构，不能对公司领导层决策进行有效的合规监督。(1)监事会对公司经营行为的职责有法律明确规定，按照《公司法》相关规定及公司治理原则，监事会是公司的监督机关，对股东会负责，履行监督职能，行使检查公司财务，对董事、高级管理人员执行公务的行为进行监督等职权。监事会发挥的是监督作用，原则上其职权不涉及公司经营活动，任何公司在设立监事会以及设定监事会职权时都应当在《公司法》及公司治理原则的框架下进行，而该企业对监事会职权的设置明显违反了上述框架，不具备可行性。(2)监事会的职责是法定的，主要起事后监督作用，对公司日常经营行为的合法性难以进行有效监督，且无法介入执行董事的经营决策，公司决策本身是否合规，监事会无法发挥作用。(3)合规部门仅仅是具体落实合规决策的执行部门。而公司合规部设置在执行董事之下、对执行董事负责，难以对公司决策发挥直接性的影响，也无法发挥有效监督作用，该整改措施并不是平衡公司决策权的有效机制。因此，第三方组织要求公司进一步优化整改措施，完善法人治理结构。

该企业的问题是众多中小企业存在的普遍问题，中小企业要设置刑事风险防范体系，就需要特别考虑权力平衡、决策监督的问题。此类公司该如何设置权力制衡制度?如何完善法人治理结构?这些是比较难解决的问题。

根据企业的规模、企业股东的意愿、企业的实际经营情况,我们建议企业考虑成立董事会或者成立管理委员会/合规管理委员会等组织。董事会由公司实际控制人及另外两名董事组成,其中一名董事负责合规部,领导合规部的具体工作;也可以在股东会之下设置管理委员会/合规管理委员会,由委员会成员负责合规部,领导合规部的具体工作。将实际控制人的权力分散到股东会、董事会、总经理、管理委员会等,同时制定相关人员的权力、职责清单以及工作细则,尽量将"股权"与经营决策权分离,避免大股东以股权决定公司的所有经营事项。

本案中,我们介入后,提出了完善该公司法人治理结构,实现权力制衡的措施,具体包括三个方面:(1)设置董事会。董事会由大股东、合规负责人及另外一名非股东董事担任,董事会实行"一人一票"制度。(2)董事会下设合规部,负责公司具体的合规工作,合规部的工作由合规负责人全权负责;重要合规事项,合规负责人可以直接提议召开董事会讨论决定。(3)明确董事长的权力边界。为了合规制度的有效运转,需要对董事长的权限和公司股东作为实际控制人的权限进行区分,制定董事长和董事会、合规负责人、合规部各自的权责清单及相应的工作细则。以上措施既可以让公司重大经营决策有集体决策程序,且合规审查事项直接向最高管理层负责;也可以让董事会按照董事"一人一票"的规则,将经营决策事项变成集体决策,更有效地避免独断专行,保障公司经营决策的科学和民主。

二、权责分明

实践中,违法犯罪行为的经手人首先面临刑事风险。因此,对于防范刑事风险而言,公司治理结构的完善,需要让各管理人员权责分明。权责分明是为企业、实际控制人、高级管理人员防范刑事风险的重要举措。如权责不分明,所有的公司决定都由公司"一把手""实际控制人"签名审批,则企业的"一把手""实际控制人"会面临不可控的刑事风险。而且,流于形式的审批程序过多，会导致签名审批沦为形式，审批人没有实质审批过内容，却签字同意，签字人成为责任人员，须承担相应的刑事责任。权责分明，能实现有效追责，划清责任界限。我们在刑事风险防范过程中，需要为股东会、董事会、监事会、总经理、合规负责人、各副总经理等高级管理人员，都制定相应的职责权限表，让他们权责分明，充分发挥作用。

很多公司在资金收付审批中，无论金额大小，最终都需要由董事长直接签批。这就意味着，若公司员工利用董事长签批下来的资金为陪标单位代缴投标保证金、帮助陪标公司制作陪标标书、行贿、虚开增值税专用发票等，而后公司也在相关犯罪行为中获益，包括项目中标、获取了不正当利益、使用了虚开的增值税专用发票等，这都可以直接导致公司及董事长面临刑事风险。如此，公司管理混乱，权责不明确，但审批签字明确，方便刑事追责，对公司及高级管理人员都会产生刑事风险隐患。

案例>>>

谢某等人涉嫌污染环境罪案

甲公司违规将废油漆桶交给没有资质的Z公司处置，Z公司在处置废油漆桶的过程中没有采取防扬散、防流失、防渗漏等污染防治措施，未采取雨污分流措施，未设置事故应急池、初期雨水收集池等池体，未配套水污染防治设施，雨污水直接从场区低洼处排向外环境；未配套粉尘、有机废气处理设施；未配套噪声污染防治措施。Z公司不符合《危险废物贮存污染控制标准》(GB 18597—2001)相关要求，不具备危险废物收集、贮存、处理的环境保护条件，在危险废物废油漆桶的破碎处置过程中产生环境污染。经过鉴定，涉案废油漆桶属于危险废物。办案机关调取了Z公司的合同审批资料，将在审批流程中签字的物资部副经理、物资部经理、仓储管理室主任、公司副总经理，全部认定涉嫌污染环境罪，追究刑事责任。而Z公司董事长等其他公司领导，由于并不分管物资部、仓储部，对危险废物的处置没有管理责任，并未在合同审批程序上签字同意，被认定与本案污染环境行为无关，没有被追究刑事责任。Z公司的行为是否会被认定为单位犯罪存在抗辩空间,这归功于Z公司各部门的权责比较清晰。

三、有效监督

完善法人治理结构的目的是对公司决策的合规性产生实质性的监督作用,对公司"一把手""实际控制人"在经营决策过程中的违法犯罪行为进行有效监督。否则,如果公司"一把手""实际控制人"肆无忌惮实施违法犯罪行为,即使有完善的合规制度体系,企业合规也无法贯彻实施落地。

以某农村商业银行股份有限公司涉嫌违规出具金融票证罪案为例:

公诉机关指控,2014年至2015年,被告单位某农村商业银行股份有限公司未严格按照《商业银行法》、《商业银行集团客户授信业务风险管理指引》及某省农联社系统、本单位内部的规章制度所确立的"审慎经营"的原则,在开展承兑汇票业务中,未对申请承兑企业尽职调查、审查,导致未能及时发现申请承兑企业伪造财务报告、伪造抵押物评估报告、以虚假贸易套取银行信贷的情况;同时,在明知部分涉案企业存在实际经营规模很小与申请金额不匹配、抵押物评估明显虚高等问题的情况下,依然上下联动、在审批环节大开"绿灯",快速为申请承兑××企业等企业集团出具承兑汇票,票面金额合计207,829万元。经统计,截至2016年6月末,票据垫款金额为150,767.45万元。

国家对于商业银行有非常严格的监管制度,某省农联社系统也为农村商业银行股份有限公司制定了一系列的合规制度,该农村商业银行股份有限公司自身又有完善的规章制度,制定了《某农村商业银行股份有限公司银行承兑汇票业务管理办法(修订版)》,对汇票承兑业务制定了详细的合规操作流程:企业申请、承兑调查、承兑审查审批、签订协议、会计部门承兑、到期付款、预期处理。然而,这些规章制度都没有实质上对"一把手"的权力和决策作出有效监督。被告人陈某担任理事长,是单位"一把手"、第一责任人,陈某与部分涉案申请承兑汇票企业口头达成开票企业、开票金额、担保方式、保证金比例等核心开票条件。在上述企业承兑汇票审批过程中，陈某要求以提高保证金、降低出票额或适当补充抵押物的方式进行表面合规应付快速审批，导致上下联动大开“绿灯”，在1~2天快速通过7个部门审批环节，为上述问题企业完成承兑汇票审批手续。

在承兑汇票审批、审核、调查环节中，业务员发现了问题，但其怠于正确履职，违反“审慎经营”的原则，为审批大开“绿灯”。票据中心一线调查岗人员发现了问题，但没有在《调查报告》中提出“可以终止调查的意见”。部门经理、票据中心负责人发现问题后，没有要求严格调查并终止申请审批程序，没有依规审查、核实，而是签名提交下一审批环节。风险管理委员会与关联交易控制委员会审批时，虽发现问题但怠于履行一票否决权，甚至以不制作、不向监管部门提交关联交易报告的方式规避关联交易的相关程序。

本案中，虽然企业在承兑汇票业务中有完善的业务流程及合规流程，但对企业决策没有起到有效的监督作用，企业“一把手”和申请承兑企业达成了口头约定，其他所有业务部门都默认支持“一把手”的工作，即便发现问题也可以无视该问题的存在，为不合规的承兑汇票业务开“绿灯”，调查、审核、审批环节都没有对决策提出异议，合规审批流程形同虚设。最终，被告单位某农村商业银行股份有限公司被认定构成违规出具金融票证罪，追究刑事责任。

实际上，刑事风险防范中完善法人治理结构，是通过管理层的权力制衡和权责分工、有效监督来实现的，让企业成为真正意义上的法人、拥有独立人格的法人，让法人拥有明确禁止员工实施犯罪行为的意志和实际行为，让法人只需为法人自身的经营行为，而不需为个别员工的犯罪行为承担刑事责任，即便是企业实际控制人、高级管理人员的犯罪行为，也不能一概归咎于企业，企业也拥有无罪的抗辩事由和抗辩证据材料。

完善法人治理结构的同时，还需要制定或调整相应的规章制度和议事规则，如公司章程、董事会议事规则、监事会议事规则等，并进行必要的工商登记变更。如此，完善法人治理结构的措施才能落实。

第四节

建立合规管理机构

企业及其经营者有一定的刑事风险管理的积极义务,企业需要建立实现这种义务的组织,为预防、发现和制裁违法犯罪行为建立完善的内部机制。企业实现刑事风险管理积极义务的组织,就是合规管理机构,即在企业经营管理过程中,为实现企业风险防控的治理目标而在企业内部设置的独立的职能机构。[1] 设立合规管理机构是合规建设的重要部分,所有合规事项的安排、推进、落实,几乎都需要合规管理机构具体负责。合规管理机构对决策行为的有效监督,也是保障企业长期合规经营的有效手段。

企业内部风险防范的顺利推进需要合规管理机构的配合,建立完整的合规管理机构才能有效执行合规计划,落实合规整改措施。合规管理机构也是企业刑事风险防范体系持续运行不可或缺的机构。合规顾问律师没有在公司任职,不可能对公司日常经营管理活动进行及时监督,公司日常经营活动的合规性需要由合规管理机构负责。他们几乎承担了企业合规经营管理的所有具体监督工作,合规管理机构的设置成为刑事风险防范有效性的重要评判标准。

一、合规管理机构的组成

在确定企业合规方案后,企业开展合规管理的第一要务就是成立合规管理机构。部分观点认为,合规管理机构可以界定为企业内部负有推行合规义务的所有部门及相关人员,从企业董事会到合规管理部门、业务部门以及员工,都是合规组织的组成部分。[2] 从企业作为一个合规整体的角度来看,董事会、监事会、高级管理人员、合规管理委员会、合规部门负责人、合规

〔1〕 参见最高人民检察院涉案企业合规研究指导组编:《涉案企业合规办案手册》,中国检察出版社 2022 年版。

〔2〕 参见郭青红:《企业合规管理体系实务指南》(第 2 版),人民法院出版社 2020 年版。

员、业务部门以及战略、规划、投融资、财务、人力资源等其他职能部门,甚至每个企业成员,都负有遵守合规经营的职责,都属于合规管理机构的组成部分。但我们认为,作为一个组织体的企业,其与企业内部的合规管理机构是可以区分的,企业合规管理机构和财务部、生产技术部、营销部、办公室等其他业务部门也是可以区分的。企业合规管理机构是负责帮助企业落实合规制度的"合规业务部门",有别于其他业务部门。合规管理机构的组成,一般需要五个层级:作为企业的合规领导机构的合规管理委员会等,合规负责人,合规部,企业重要部门或者分支机构的派驻专职合规员及兼职合规员(也可以根据分支机构的规模设置对应的合规部门),作为定期对公司合规事项进行审查的外部监督机构的合规顾问律师。企业在合规整改过程中,可以根据企业规模和刑事风险等实际需要对合规管理机构进行一定的升级或者简化处理。

(一)合规领导机构

中国中小企业协会制定的团体标准《中小企业合规管理体系有效性评价》(T/CASMES 19—2022)第6.2条规定:"a)设置合规领导机构。有董事会的企业设合规管理委员会,没有董事会的企业设合规领导小组。"《中央企业合规管理办法》第11条规定:"中央企业设立合规委员会,可以与法治建设领导机构等合署办公,统筹协调合规管理工作,定期召开会议,研究解决重点难点问题。"可见,在有董事会的企业中,可以设置合规管理委员会、合规委员会之类的机构;在没有董事会的企业中,可以设置企业合规领导小组之类的机构,作为企业合规工作的最高决策机构。合规领导机构的职责一般包括:组织制定合规管理战略规划、参与企业重大决策并提出合规意见、领导合规管理部门开展工作、向董事会和总经理汇报合规管理重大事项、组织起草合规管理年度报告等。[1]

(二)合规负责人

司法实践中,合规负责人员往往有不同称谓,如合规负责人、首席合规

〔1〕 参见李素鹏、叶一珺、李昕原编著:《合规管理体系标准解读及建设指南》,人民邮电出版社2021年版。

官、首席风控官等,他们应当属于企业高级管理人员行列,是企业日常合规工作的领导者和实施者,负责企业日常的合规管理行为。很多企业合规整改方案中,我们都将合规负责人交由董事会等最高决策机构的成员担任。

(三)合规部门

大部分企业都可以设置合规部,合规部由专职合规员组成,配合合规负责人开展合规监督工作,保障合规部门的独立性和有效运作。合规负责人或者首席合规官等是合规部的负责人,也可以根据企业实际经营情况在合规部再设置合规部经理、副经理。合规部是企业合规管理工作的具体执行者,对于合规整改与刑事风险防范体系的运行非常重要。

(四)重要部门或者分支机构的合规员

合规部由专职合规员组成,但在企业下设的重要部门或者分支机构,往往也需要有合规员,包括派驻的专职合规员或者兼职合规员,负责协助合规部对该部门或分支机构业务合规性进行监督。

(五)合规顾问律师

企业聘请合规顾问律师,接受顾问团队的长期督导,既可以通过合规顾问律师来审查和检验企业合规经营情况、合规体系的运行情况,也可以不断优化企业的合规体系。刑事风险防范体系的建立并非一蹴而就,随着企业经营情况的变化,刑事风险防范体系也需要随之变动,以适应企业的实际经营情况。

以某公司为例,公司设置合规管理机构如下:

(1)在董事会下设合规管理委员会,由 3 名董事组成,具有较高的地位,能充分保障合规部门及相关人员具有足够的权限和资源,其建议能够得到企业最高管理层的充分重视。其中,董事王某甲担任合规委员会主席,外部董事、独立董事为委员会委员。王某甲作为公司创始人,是涉案企业持股最多的自然人股东,其在公司具有权威地位,能够保证公司全体员工服从合规管理委员会的管理。

(2)在合规管理委员会下设合规部,独立负责合规制度的实施推行。考虑到合规部负责人(合规部经理)应当独立于公司相关业务部门,且需要有较高的管理地位,涉案企业确定由公司监事王某乙担任。为辅助合规部经理工作,涉案企业任命员工张某为合规部副经理。张某系公司老员工,原系公司办公室主任,非常熟悉公司的整体经营情况和各个部门的业务情况,能够协助合规部门与业务部门之间的沟通,制定切合公司经营实际的合规制度。

(3)合规部设有 2 名专职合规员,在各主要业务部门还设置兼职合规员。专职合规员负责具体协助落实合规部门的工作,兼职合规员则在其各自的部门,协助合规部履行对该部门业务的合规监督工作职责。

(4)聘任专业律师担任合规顾问律师,对涉案企业的合规经营情况、合规体系运作情况,进行长期督导,促进刑事风险防范体系的不断优化。

二、合规管理机构的要求

中国中小企业协会制定的团体标准《中小企业合规管理体系有效性评价》(T/CASMES 19—2022)第 6.1 条规定:“合规管理机构设置和职责配置的有效性评价应当以合规管理机构的适当性、独立性和权威性作为基本标准。”根据该标准,合规管理机构应当具备适当性、独立性和权威性。

(一)适当性

合规部门的设立有多种操作,每个公司都有各自的人事、组织制度要求,合规整改时,需要考虑公司实际情况来设立合规管理机构。合规管理机构的适当性,即合规管理机构要符合企业的特点,每个企业的经营管理模式、企业规模、企业经营者的理念、企业文化、合规风险、业务范围、行业特点、高发刑事风险点等均有不同;民营企业、国有企业、上市公司、非上市公司、外资企业等不同类型的企业,其组织架构、部门设置往往有较大的差别,合规管理机构也有较大差异,需要为企业量身定制。

例如,西门子公司的合规管理机构包括管理委员会、监事会、法律总顾问、首席合规官、法律和合规部、区域合规官。[1] 中国东方电气集团有限公

[1] 参见郭青红:《企业合规管理体系实务指南》(第 2 版),人民法院出版社 2020 年版。

司的合规管理机构包括:董事会,战略、投资及风险管理委员会,公司管理层,总法律顾问,以及合规归口管理部门(法务审计部),专项部门(纪检监察部)和直接责任部门(公司各部门及所属企业)。[1] 中国石油天然气集团公司的合规管理机构包括:董事会、监事会、公司管理层、法律事务部、各职能部门、各分公司、各子公司等。[2] 中兴公司的合规管理机构主要包括:总裁直接领导的合规管理委员会、反商业贿赂合规部、美国政府委派的特别合规协调员和合规监察官(对中兴公司出口合规计划的重建和运行要进行为期10年的监控)、不少于3名非执行董事组成的特别审计/合规委员会、独立特别合规协调员、出口管制合规部、首席出口合规官、区域出口管制合规总监(分别任职于中国、欧洲、美洲和中东)、合规专业部门(出口管制合规部、反商业贿赂合规部、数据保护合规部以及合规管理机构管理部)。[3]

我们日常办案过程中,大部分企业都不需要像上述企业那样设立复杂的合规管理机构,因为大部分企业都没有那么复杂的业务、那么大的业务体量,我们需要构建与企业的性质、规模、业务种类、业务模式、监管要求等相互匹配的合规管理机构,这样才符合实际,具有适当性。否则即便让所有员工都成为公司合规员,也很难起到合规监督作用,只会让企业失去生存能力。

对于非上市民营企业,可以在董事会下设合规委员会,合规委员会下设合规部,合规人员包括合规部经理、法务人员、外聘律师等。

对于大型国有企业,由于国有企业的党总支或党委是公司的最高权力机构,可以在党总支或党委下设合规委员会,合规委员会下设合规部,合规部由经理、副经理、专职合规员、兼职合规员组成。

没有董事会,仅设置执行董事的小微企业合规整改时,则可以考虑成立公司董事会,分散原执行董事的权利,并由其中1名董事会成员兼任合规部负责人,这就可以让合规部门的权威性、独立性大大提升。如果该小微企业并没有董事会,也不具备设置董事会的条件,则应考虑设置合规领导小

〔1〕 参见郭青红:《企业合规管理体系实务指南》(第2版),人民法院出版社2020年版。
〔2〕 参见郭青红:《企业合规管理体系实务指南》(第2版),人民法院出版社2020年版。
〔3〕 参见陈瑞华:《中兴公司的专项合规计划》,载《中国律师》2020年第2期。

组,由合规负责人、执行董事及监事组成,作为公司合规工作的最高决策机构。合规负责人下设合规部经理、专职合规员。如有必要再考虑设置兼职合规员,合规负责人与业务部门的负责人平级,合规负责人向合规领导小组负责。

例如,某科技有限公司已经接受上市辅导3年,正在筹备上市,其组织架构比较完整、运行比较规范,法人治理结构比较完善。那么,我们就可以考虑在其原组织体系下,增设合规管理委员会之类的组织,直接对董事会或者股东会负责,并领导合规部开展工作。合规管理机构的具体设置如下:

(1)设置合规与道德遵循委员会。在董事会下设合规与道德遵循委员会,独立于其他行政部门,具有较高的地位,能够充分保证合规部门及相关人员具有足够的权限和资源,其建议能够得到企业最高管理层的充分重视。合规与道德遵循委员会负责涉案企业合规管理各项制度的制定和发布,以及合规事项的审计与决策,并负责出具年度合规计划和合规报告等。

(2)合规与道德遵循委员会下设合规部,负责推行合规制度。合规部独立于其他相关业务部门,合规部负责人具有较高的管理地位、较丰富的专业知识。同时,为了保障合规部业务的正常开展运行,涉案企业已经为合规部设置了专门的办公室,配备了各项办公必备条件。

(3)合规部下设合规员,具体实施合规监督管理工作。合规员分为专职合规员和兼职合规员。对于刑事风险防范的重点部门,企业专门设置专职合规员,尽最大努力保证几个重点业务部门合规运行。企业的其他部门及分支机构,合规风险点相对较小,运行相对规范,在这些部门及分支机构设置兼职合规员,负责进行日常合规监督管理,同时定期由合规部进行内部调查及风险评估,保证合规运行。

企业在对每一名合规工作人员进行选任时,均作了充分的利益冲突调查,确保任命的人员没有其他利益相关的管理人员在涉案企业任职等,保证合规人员履职的廉洁性。以上三个部分加上合规顾问律师,就是企业完整的合规管理组织架构。

(二)独立性

企业应当设立独立运行的合规管理部门,赋予其独立的监管职责和管理权，以便对合规风险进行有效监管。[1] 合规管理部门的独立性，主要是指独立于其他业务部门。合规管理部门的运作独立性体现在人员和管理上。在人员方面，合规部门负责人、合规专员都不能由其他业务部门的人员兼任；在管理方面，合规管理部门、合规负责人、合规专员不能由业务部门管理，否则合规管理部门无法对公司的日常经营活动，尤其是对业务部门的行为，进行独立的监督工作。

在中兴公司的合规管理机构中，董事会下设一个由不少于3名非执行董事组成的特别审计/合规委员会，董事长属于该委员会成员，但不得担任主席。[2] 董事长直接作为特定审计/合规委员会的成员，该审计/合规委员会就相当于微缩版“董事会”，具有很大的独立性。

案例>>>

某公司涉嫌走私废物罪案

为了保证合规管理机构的独立性，涉案企业拟在董事会下设独立的合规委员会，合规委员会下设合规负责人、合规部，合规部有专职合规员2名。如此，合规负责人与总经理是平级的，且级别高于其他具体业务部门负责人，合规管理机构就具有相应独立运作的权力，可以对业务部门的工作进行有效的监督。

（三）权威性

无论企业规模大小，合规管理机构都需要具有较高的权威性和独立性，并在合规管理机构的级别上体现出来。如级别太低，则显然不具备有效的监督效果，这样的合规管理机构难以发挥真正的监督作用。合规管理机构必须自上而下垂直管理，具有权威性，才能确保合规计划得到切实有效执行。权威性是指合规部门与合规人员应在企业内部具有一定的权威，主要

[1] 参见最高人民检察院涉案企业合规研究指导组编：《涉案企业合规办案手册》，中国检察出版社2022年版。

[2] 参见陈瑞华：《中兴公司的专项合规计划》，载《中国律师》2020年第2期。

体现在：有权对具有重大风险的重要决策进行合规评估，必要时可建议合规领导机构予以否决，有权定期对所有业务领域进行监督检查，出具合规审查意见应得到应有的尊重。[1] 合规管理机构既有权深入各部门工作一线，了解合规实施情况，监督各部门工作开展的合规性，又有权对公司任何一个经营项目从事前、事中、事后连续开展监督工作，还有权对违规事件作出处理意见，将处理意见直接向企业最高管理层提出，这样才能真正体现合规监督的权威性。

以某国有企业涉嫌虚开增值税专用发票案为例：

为了保证合规管理机构的独立性，涉案企业在党总支之下设立合规委员会，合规委员会统领合规负责人、合规部门，合规管理机构比其他业务部门的级别还略高，能充分保证合规管理机构及相关人员具有足够的权限和资源，独立于其他业务部门运作。如此，合规管理机构既能对业务部门进行有效监督，其提出的合规意见也能够直达企业最高管理层。

以某公司涉嫌单位行贿罪案为例：

整改过程中，公司拟设置的合规管理机构是：股东会下设执行董事和监事会，执行董事兼任总经理，执行董事下设常务副总经理 1 名和副总经理 1 名。常务副总经理下设行政部、财务部、合规部，常务副总经理兼合规部负责人，另外一名副总经理则负责公司的各具体业务部门。该公司的合规组织权威性不足。

实际上，在该公司的合规管理机构架构设置中，我们很容易发现几个明显的问题：

其一，公司合规部与财务部、行政部和其他业务部门平级，在其之上还有副总经理和常务副总经理、执行董事，直接受公司副总经理和常务副总经理的管理，而公司副总经理和常务副总经理都是直接负责公司日常经营活

[1] 参见江必新、袁浙皓：《企业合规管理基本问题研究》，载《法律适用》2023 年第 6 期。

动、业务拓展的，合规部理论上无法起到有效的合规监督作用。这样的合规部门设置，权威性是不足的。

其二，常务副总经理兼合规部负责人，同时又分管行政部和财务部。合规部负责人作为合规监督的直接责任人员，不宜直接兼职或分管具体业务部门，否则无法对其兼职或具体分管的业务部门形成有效监督。而本案中，合规部负责人同时还是常务副总经理，那么，合规部负责人实际上只能进行自我监督，其经营活动是否合规完全靠自律，而不是依靠合规管理机构。

其三，在该合规管理机构设置中，合规部与行政部、财务部同属一个部门领导，行政部、财务部又是合规部进行合规监督的对象，尤其是财务部，在大部分企业合规制度设计中，财务部是合规部的重点合规监督对象。作为同属一个副总经理管理下的平级部门，合规部对行政部、财政部显然也难以进行有效监督，缺乏权威性。

需要注意的是，合规管理机构应当成为监督企业合规经营的机构，而不能成为帮助企业掩饰、隐瞒犯罪，帮助企业实施犯罪的机构，否则合规管理机构就形同虚设。例如，在陈某某等人涉嫌诈骗罪案中，涉案企业设立合规部，用来帮助企业及代理商处理亏损客户的投诉工作，以掩盖企业的违法犯罪行为，[1]该企业合规部对于企业刑事风险防范毫无助力，反而成为证明企业及其实际控制人、管理人员构成犯罪的重要证据。

第五节
制定合规管理制度

合规管理机构的有效运行，需要建立与合规管理机构配套实施的规章制度，从制度上明确合规管理机构、合规工作人员的职责内容、工作流程，让合规管理机构的运作成为一种企业的日常制度，保障合规工作人员对相关业务、部门、人员的审批、监督和调查权。保障合规管理机构运行的一系列

[1] 江苏省邳州市人民检察院不起诉决定书，邳检诉刑不诉〔2020〕2 号。

制度及工作细则，就是企业合规管理制度。

一、合规管理办法

合规管理办法是企业合规管理的纲领性文件，规定企业合规管理的总体原则和要求、机构职责划分、合规管理重点、合规管理运行机制、合规管理保障机制，[1]以及明确公司合规管理的工作流程、合规管理机构的工作职责和岗位分配、合规工作汇报、合规管理机构及人员绩效考核及合规风险事项的识别、评估和处置等内容。

在某公司涉嫌走私普通货物罪案中，企业制定了《×××有限公司合规管理办法》，明确公司的合规管理基本原则和要求，并规定了合规管理部门的工作职责和岗位分配。具体包括以下方面：

第一，合规管理基本原则和要求。确立合规管理的全面性、主动性、独立性、合理性原则，要求公司全体员工遵守合规政策及各项规章制度。合规是公司全体员工的共同责任。

第二，合规管理机构和岗位职责。合规部门，包括合规管理委员会及合规部，负责合规管理的决策和执行；合规工作人员，包括合规部经理、专职合规员、兼职合规员，负责协助合规部开展具体工作，履行相应的审批和监督职责。

第三，合规工作汇报。在履行合规管理职责过程中，合规员、合规部、合规管理委员会逐级上报合规工作情况，提交月度、季度及年度合规工作报告。

第四，合规管理履职保障。涉案企业为合规部门提供必要的财务支持，保障合规部门有充分、合理的财务预算，合规部经理工作称职的，应保证其年度薪酬收入总额在公司高级管理人员年度薪酬总额中的排名在前10%；专职合规员工作称职的，应当保证其年度薪酬收入总额在公司同级别人员的中高水平以上；兼职合规员工作称职的，在其原工资待遇基础上增加10%作为津贴。同时保障合规工作人员任职的稳定性，合规工作人员没有触犯公司规章制度明文规定的事由的，不得对其随意解聘、调岗。

---

〔1〕 参见刘相文等：《中国企业全面合规体系建设实务指南》，中国人民大学出版社2019年版。

第五，合规部门及人员绩效考核。合规员（专职合规员和兼职合规员）的工作考核，由合规部负责；合规部及合规部经理的工作考核，由合规管理委员会负责；合规管理委员会的工作考核，由董事会负责。考核指标包括合规文化建设、合规工作成果、合规知识及能力水平、合规内部调查工作成果等，根据考核结果确定合规人员的绩效工资及年终奖。

第六，合规风险事项的识别、评估和处置。合规调查程序有两种形式：一种是依职权启动，主要针对的是合规员在日常合规检查中发现的违规行为；另一种是依申请启动，主要针对的是举报人提供违规行为的线索。在合规事项处置过程中，合规工作人员可以采取调取资料、询问相关人员等调查手段，形成调查报告和处理意见，并上报至合规管理委员会，审核通过后执行。

二、合规管理机构的工作细则

为保障合规管理委员会、合规负责人、合规部、合规员（含兼职合规员）有效发挥监督作用，公司需要制定《合规管理委员会工作细则》《合规部工作细则》等规章制度，进一步明确合规管理机构及人员的职责权限依据、开展合规工作的流程。

通过《合规管理委员会工作细则》明确：(1)合规管理委员会的人员构成。合规管理委员会由董事会选举产生，由 3 名董事组成，确保合规管理委员会的领导地位。(2)合规管理委员会的职责权限。合规管理委员会是合规管理工作的决策者，负责统筹合规管理工作，具体包括研究企业的合规管理目标、基本政策以及具体实施方案，指导合规部工作，对合规部及合规部经理进行考核，对合规部提交的季度报告进行审查，对合规部经理的内部调查报告进行审议，制作年度合规报告等。考虑到对涉案高级管理人员的长期有效监督和制衡，合规管理委员会应该享有特别调查权，能够针对高级管理人员的涉嫌违规行为进行调查，形成处理意见后，直接汇报至董事会，由董事会决议。(3)合规管理委员会的议事规则。合规事务属于公司的重大事项，合规管理委员会可以明确决议通过的条件，均应有 2/3 以上委员出席方可举行，会议决议需要经过全体委员 2/3 以上通过。

通过《合规部工作细则》明确：合规部的人员构成、职责权限、工作流程、议事规则、权利保障等内容，让合规部开展合规监督工作有充分的依据，监督工作能切实落地。

三、合规管理机构的保障制度

为了保障合规管理机构的独立性，企业需要制定或者完善如《预算管理制度》之类的制度，确保合规部门具体工作的开展、人员的设置与调动不受公司管理层的干涉，包括但不限于：合规部门工作预算不受公司管理层的干涉；合规部为合规预算的制定和执行机构，提出合规预算报告；合规部负责人应为公司高层管理人员，其年度薪酬收入总额在同级人员中排名靠前；合规员薪酬应当保证在公司同级别人员的中高水平以上；对于合规工作人员，非经法定程序，不得随意降职或辞退、调岗等。

案例>>>

××有限责任公司涉嫌单位行贿罪案

该公司原本没有预算制度，在整改过程中制定了《××有限责任公司预算管理制度》，规定了合规管理预算工作制度，包括以下内容：第一，公司应当保障合规管理工作预算，无正当理由不得随意调整合规部门提交的年度合规预算方案。第二，合规部为合规预算的制定和执行机构，具体由合规部经理负责，包括制定年度合规预算方案，根据公司合规管理的实际情况，提出合规预算调整报告，配合做好公司总体预算的综合平衡、分析等。第三，针对合规相关的预算外行为，由合规部经理对其合理性进行审定。预算管理规定，旨在保障合规管理工作的预算经费，从而实现合规管理独立、有效和可持续的目的。

四、重点刑事风险的管理制度

为了加强公司内部的刑事风险管理，有效防范和控制公司经营过程中可能发生的风险和危机,保障公司合规运营,有必要为公司制定刑事风险管理制度。根据合规整改的范围不同,合规风险管理的范围亦有不同。对于大型企业,可以制定合规风险管理规定,对公司生产经营活动中重点风险领域进行风险识别,如投资并购领域、进出口业务领域、招投标领域、国内贸易采购领域、环境保护领域、财务税务领域、人力资源领域,增强企业合规风险的识别、评估、防范能力。

部分企业没有全面风险管理的需要,仅存在某方面的刑事风险隐患,则只需对所侧重的风险进行专项细致的剖析。合规顾问律师可以对该风险进行集中专项管理,梳理公司各业务单元、各业务流程中可能存在该类刑事风险的隐患,帮助合规部门及时识别、评估、防范该风险。

以某客运公司涉嫌单位行贿罪案为例:

该公司的主要经营风险为腐败贿赂风险,于是我们制定了《腐败风险防控管理制度》,对公司主要业务板块的腐败风险进行逐一剖析、分级,制定腐败风险清单,提高合规人员的腐败风险点的审查能力,帮助合规管理部门更好地开展合规审查工作。

其一,运营业务。公司的主营业务相对单一,主要是提供××市车队、旅游车队、汽车租赁、农客车队、公交车队的客运服务,业务运营过程中需要重点关注的腐败风险:(1)业务员与客户是否存在吃回扣、赠礼品和购物券等利益输送;(2)业务员是否因利益输送为客户争取到异常的最低价格(如长期租车、车辆广告等);(3)业务员是否存在为提高绩效任务,向顾客输送利益,包括但不限于现金、有价证券(债券、股票等)、各种形式的实物(高档生活用品、奢侈消费品、工艺品、收藏品等,以及房屋、车辆等大宗商品),以及其他财产性利益等;(4)票款收入收银操作是否规范;(5)收入与票据、合同是否一致;(6)售票收银的收付记录是否完整等;(7)业务员是否存在私下收费不入账,中饱私囊等情形。

其二,采购管理。公司采购部门主要负责采购车辆保险、车辆配件(机油、轮胎等)、办公用品(电脑、打印机、纸张笔墨等)、防疫用品(口罩、消毒粉、手套等)、后勤物资(工衣、扫把、地拖、抹布等)、消防设施(灭火器、消防栓)等,需要重点关注的腐败风险:(1)供应商是否向公司负责质量把关人员(如车辆配件、站场安全设施设备等)行贿;(2)供应商是否向公司采购人员行贿,谋求高价供货,损害公司利益;(3)采购人员是否向自己及亲属经营的企业,以高于市场价格为公司采购,损害公司利益;(4)采购人员是否存在其他与供应商勾结,故意提高采购价格,损害公司利益的行为。

其三,财务管理。公司的主要收款方式为公账及现金收入,主要支付方式为公账支出和备用金支出。在财务管理上,需要重点关注的风险包括:(1)是否存在违规使用个人私账的情形;(2)是否存在违规存放、使用大量备用金的情形;(3)是否存在财务支出票据附件不齐全、不真实或无附件的情形;(4)是否存在财务支出票据与实际用途不对应的情形;(5)是否存在未经审批流程私自审批支付的情形。

其四,安全管理。安全部负责车辆的安全检查、车站安检并配合交管部门安全检查,需要重点关注的腐败风险包括:为顺利通过检查与稽查人员搞好关系,向稽查人员输送利益等。

案例>>>

某公司涉嫌串通投标罪案

公司的业务绝大部分都是通过参与投标获得的,投标过程经常涉及串通投标的违法违规风险。在风险防范整改过程中,我们为该公司单独制定《串通投标风险防控管理制度》,对公司的投标业务流程进行严格的规范,突出公司在参与政府部门、事业单位、国有企业等采购招投标的相关业务时,需要重点关注的串通投标刑事风险:(1)与其他投标人事先商定中标人,或约定部分投标人放弃投标或中标;(2)在中标前向其他投标人给付费用,或在中标后以管理费、分红等形式给投标人补偿;(3)制作陪标公司的虚假投标文件、垫付陪标保证金、冒充投标代表等。通过制定《串通投标风险防控管理制度》,使投标流程更加规范,让公司业务员更清楚投标过程中的禁止行为及相应的法律后果。

某公司涉嫌虚开增值税专用发票罪、
走私普通货物罪、走私废物罪案

顾问律师协助涉案企业针对进出口、外汇、税务、财务等方面的刑事风险进行重点防控,制定相应的刑事风险防控审查清单,注明了详细具体的审核要点,使风险防范管理制度能够融入日常的监管工作中。主要包括:

其一,在进出口业务中,风险防范的审查要点主要在于是否存在走私的风险。例如,是否向海关如实申报实际交易的价格、货物品名、规格型号、数量(重量)、原产地,有无逃避海关监管进出境等。

其二,在涉及外汇的业务中,风险防范的审查要点主要在于是否存在违规资金进出境的风险。例如,支付给境外供货商货款时有无非法借用他人外汇额度购汇,有无通过地下钱庄非法买卖外汇、变相买卖外汇等。

其三,在涉及税务的业务中,风险防范的审查要点主要在于是否存在虚开增值税专用发票风险、非法购买发票的风险。例如,在不存在真实交易的情况下,违规为他人开具增值税专用发票、违规要求他人代开增值税专用发票等。

其四,在财务合规方面,风险防范的审查要点主要在于有无使用虚假、伪造的发票或者其他虚假票据凭证,有无违规使用个人私账,财务支出票据附件是否缺漏、伪造或无附件,财务支出票据与实际用途是否对应,是否存在未经审批流程私自审批支付的情况,有无依法缴纳各项税款等。

第六节
搭建合规业务流程

企业大部分犯罪行为都发生在具体业务过程中,搭建合规的业务流程对防范刑事风险非常有效。企业需要把风险防范审查置于所有重要、刑事风险高发的业务流程之中,对业务流程进行合规化改造,特别是财务、产品研发、产品生产、销售、排污、进出口、招投标等业务流程。对公司主要业务流程进行合规化改造是一个系统工程,这是企业充分运用各项合规制度,让公司业务活动的风险防范监管工作可视化的过程。合规业务流程搭建需要注意三个问题:

其一,业务流程梳理清晰,各流程参与人权责清晰,追责有痕。搭建合规的业务流程,顾问律师首先需要帮助企业将业务流程梳理清楚,削减不必要的审批,增加必要的合规审批。同时,明确业务流程中各个环节参与人的职责权限,一旦某个环节出现问题,可以迅速找到责任人。

其二,结合企业犯罪经历或同类企业的犯罪经历和犯罪手法,准确识别业务流程中容易出现不规范操作引发刑事风险的环节,制定并运行相应的合规制度,消除各种刑事犯罪手法的存在空间。

其三,在业务流程中的刑事风险点,设置风险防范审查的必经环节,将风险防范审查作为事项决策、合同签订、项目运营、买卖交易、费用支出等经营管理行为的必经程序,未经合规部门审查不得实施,确保风险管控实际贯穿于业务活动主要节点之中。例如,在西门子公司的合规体系中,"西门子在全球所有的大型项目批复中,都要加上一个关于合规风险评估,合规官也参与其中。合规官如果认为项目中存在不合规的风险,就有权停止该项目的进行"〔1〕。

我们在刑事风险防范实践中必须完成的工作,就是对公司所有存在较大刑事风险的业务流程进行合规化改造,让业务活动都经过风险防范审批。不同企业业务模式不同、业务流程不同,导致其主要合规风险点不同,需要合规化改造的业务流程侧重点也有所不同,比较常规的有财务审批流程、合同管理流程、发票管理流程、用章管理流程,以及投标业务、进出口业务等具体业务流程。

一、财务审批流程

犯罪的成本来自公司,犯罪的收益主要归属公司,这是公司被认定构成单位犯罪的重要条件,企业进行合规整改就可以考虑对财务审批流程进行

〔1〕 霍玉菡:《由西门子公司重建合规体系说开来》,载《中国贸易报》2009年11月19日,第3版。

合规化改造。与财务相关的审批制度很多,财务管理制度、财务报销制度、财务风险防控管理制度、融资管理制度、采购管理制度、内部审计管理规定、业务接待管理办法、预算管理制度、银行账户管理规定、应收账款管理制度、利润分配制度、资金管理制度、核算管理制度等,不同公司根据需要选择制定、搭建合规化的财务审批流程。

以某客运公司涉嫌单位行贿案为例:

我们尽职调查后发现,该企业财务审批制度存在严重漏洞,非常不规范。具体体现在:公司现金收入未及时存入公账,成为账外"小金库"或者成为公司的大量备用金,私账公用现象严重,公司实际控制人可以随意从"小金库"或者备用金中获得大额现金。公司实际控制人,为了公司项目运转,使用公司现金向国家工作人员贿送好处费、大额礼品,公司在财务审批方面把关不严、完全无视财务的不合规现象,导致公司面临贿赂犯罪的刑事风险,被指控涉嫌单位行贿。

对于此类案件,若涉案企业对财务收支审批流程进行规范,可以在很大程度上防范刑事风险。为了切实推进企业整改,防范刑事风险,企业对财务审批制度进行了规范,设置了专门审查环节,加强资金监管。具体如下:

1. 公司收入合规监管方面

公司原来的收入管理流程如下:收银箱收取票款,数银组登记每日收银箱内的款项收入,组长复核收银金额,将现金放入保险柜,第二天出纳接收现金,统计人员录入每日收入报表,出纳将现金存入公司银行账户或者存入公司备用金库。该流程导致公司留存大量备用金,备用金的使用难以监管;而且,公司收银款保管过程不规范,容易出现损害公司利益的犯罪行为。为此,企业收银过程进行流程规范化改造:(1)设置现金管理小组,与现金收款相关的岗位人员全部归至现金管理小组,统一负责公司的现金收取、统计和管理。(2)完善现金交接、收银、复核、入账等环节的审批单据,规范收入的记账档案,让公司每日资金收入都有据可查。(3)加强对数银员的监督,在数银室设置专用摄像头,连接到公司监控室,由监控员实时监督;同时配合合规员的不定时现场巡查、抽查监控录像的监督。(4)加强现金监管,杜绝现金补账情形,合规员每天审查现金入账情况,出纳每天都需要将前一天的现金存入银行,并将相应的存款凭证交由合规员审查。

2. 公司支出合规监管方面

涉案企业设置统一的财务审批规范,使用纸质审批,并且需列明资金支出的用途、合同编号等,禁止"打白条"审批。(1)对于业务经营支出,应使用付款申请审批表,预算内支出由总经理审批,预算外支出经合规员审核通过后,由董事会决议审批。(2)涉案企业要求所有支出必须使用公账转账支付,特殊情形需现金支付的,经合规员审批后,出纳方可从银行提现支付。出纳必须将现金支出情况如实记入现金日记账。(3)增设合规审批节点,由专职合规员对业务招待费以及与招投标业务相关的其他报销费用进行审批,实行一票否决制。

3. 配套制度方面

为落实上述财务收支业务流程,公司制定了多项配套制度:(1)制定《现金管理小组工作管理制度》,规定现金管理人员的岗位职责、奖惩制度、现金管理制度、投诉举报制度等,规范员工的履职行为,明确偷钱、点钞出错等行为的处罚措施。(2)制定《数银员工作规范》,进一步保障现金管理的合规性。(3)制定《财务管理制度》《请款、借款和报销实施细则》,明确"禁止的财务违规行为",不得从公司的现金收入中直接支付,需通过公司的公账支付,禁止使用员工私账;因特殊原因需要使用现金支付的,应经合规员审核后,出纳方可从公司的银行公账提现支付;严格把关每一笔款项支出,避免以合法形式掩盖违法违规款项支出的情形出现;明确规定专职合规员要对企业每一笔业务招待费、与投标业务相关的报销费用进行审核,专职合规员审批实行一票否决制。明确规定员工有义务举报任何财务上的违规违法行为,尤其是财务人员发现财务报销、借支等异常时,应当及时报告合规部。

通过上述措施,公司财务收支的业务流程接受合规员的全程监督,更加公开透明。本案企业规模不大,没有足够的成本为合规整改专门开发线上审批系统。对于其他规模较大、合规预算相对充足的企业而言,还可以进一步规范财务收支的业务流程,将其全部改为线上运行,禁止纸质审批、微信审批、邮件审批等,由此可以更有效地防范款项违规收支。

二、合同管理流程

很多犯罪都会存在与公司签订相关合同,利用虚假公司套取资金用于实施犯罪的情况,给公司带来刑事风险。公司员工也可能利用相关虚假合同材料,虚构事实、隐瞒真相,实施犯罪行为,侵吞公司财产,损害公司利益。规范合同管理流程,可以在一定程度上防范刑事风险,防止合同的签订、履行发生难以预测的法律风险。

以某上市公司涉嫌单位行贿罪案为例:

某上市公司开展业务过程中,中标了某个项目,但是该上市公司按照甲方的要求,与第三方咨询公司签订咨询业务合同,进而将较大一部分利润以支付咨询费的名义转入第三方咨询公司,而第三方咨询公司实际上就是甲方用来收取贿赂款的机构。案发后,该上市公司相关负责人也面临监察机关的调查。

我们在尽职调查过程中发现,该上市公司的合同管理流程非常不规范。在业务磋商环节,企业授予市场部人员较大的自主权,市场部人员能够直接与客户商定服务项目的内容。业务的审批和决策直接由市场部人员决定,无须经过层级审批,也没有任何监管,企业没有任何制度或流程指引用于对市场部门人员进行约束。该上市公司默认这种行为,认为盈利空间在可以接受的范围内即可,至于合同金额与公司可接受的盈利空间之间的差额如何出账、如何处理、以谁的名义向公司申领,公司没有予以监管。实操中,公司员工需要提供虚假的各类合同,向公司申请支付该笔费用,公司明知相关合同资料都是虚假的,但仍然予以默许。该公司既没有对差额部分的性质、归属作出明确规定,对该部分差额资金的调拨、使用及所依据的合同也不予监管,这就可能为该上市公司带来不可控的刑事风险。

以某公司刑事风险防范整改案为例:

我们尽职调查后发现,某公司的业务合同没有纸质的审批流程,都是口头向董事长汇报或者由董事长安排,业务经办人员就将合同拿给法务部审核编写合同号,然后进行盖章登记。这就无法体现公司尽到合规审批的义务。

整改过程中,我们为该公司设置了合同签订规范的审批流程。具体从以下五个方面进行:

第一,增设合规部作为合同合规审查部门。明确规定"原则上所有合同均须由合规部(合同主办部门的专职/兼职合规员)出具审核意见",将公司所有合同的合规审核环节制度化。合规部履行对合同的动态监管职责,记录并保存合同的全部合规审查记录。合规员审核对方主体是否真实、经营是否合法,如果发现待签订合同存在合规风险,则合规部有一票否决权。

第二,明确合规部人员对于合同管理的内部职责分工。合同主办部门的专职或兼职合规员,负责审核合同文本、监督合同履行、制作合规审查记录并向合规负责人定期汇报;合规负责人召开合同管理例会并提出指导修改意见、审核合同的合规审查报告等。

第三,明确"合规部制作的合同审核记录"作为合同档案的必要组成部分,缺少合规审查记录的,合规资料不得归档,并启动合规调查。

第四,明确违反合同管理流程人员的处罚规定,合规部有权提请公司决策处分有关责任人员。

第五,明确合规审查的争议解决。合规员应全程参与合同争议处理,为合同经办业务部门和合同承办人提供法律支持;当合同争议不能以协商方式解决时,由合规员接管合同争议处理事项,合同承办人和合同经办业务部门予以配合。如有必要,法务专职合规员可以要求公司法律顾问协助处理合同争议。

三、发票管理流程

针对虚开增值税专用发票等与发票犯罪相关的风险防范整改案件,我们需要对公司的发票管理流程进行规范,加强审批,跟踪管理,防止违规开具、使用发票等违法犯罪行为的发生,防范虚开增值税发票以及因发票引发的其他刑事风险。

以某公司涉嫌虚开增值税专用发票罪案为例:

企业已经有发票管理制度,但存在审批不规范、不严格,跟踪管理不及时、不完善等明显的漏洞。为切实进行刑事风险防范整改,企业对发票管理制度进行修订,明确并细化发票管理的规范流程,增设合规审批环节。

具体而言:

第一,明确公司使用发票必须严格按照发票管理规定执行,不得有发票管理规定中明确的各类违规使用发票的行为,否则合规审批环节不通过。

第二,为杜绝此前纸质审批、口头审批的情况,企业将国内业务的审批流程均登记至系统中,统一要求各业务部门工作人员必须通过企业办公自动化(Office Automation,OA)系统发起开票申请,以替代原始的纸质申请与线上申请相混合的混乱管理模式。每一项采购的发票取得均需在 OA 系统中登记,并强制要求业务工作人员在申请时附上合同和出库单等相关资料以供审核,详细列明采购合同、销售合同、货物入库出库等情况,以实现对国内业务的全流程合规监控。

第三,对于发票复印件需要加盖发票专用章的情形,除了须经公司总经理批准外,还增设"专职合规员复核"的审核环节,进一步加强发票使用的合规监管。

第四,完善发票的管理细则,明确强调进、销项发票的取得、开具必须以真实的销售行为为前提,并附上完整可靠的原始凭证,包括合同、出货单等,严格审查开票所依据的材料真实性。

第五,增加取得、开具发票环节的合规审核点,强化开票申请的合规监管力度,合规员审核业务合同、发票、入库单等信息是否一致,若存在违规嫌疑即可一票否决,由责任人员作出合规解释说明,或者由合规部门进一步调查核实,查处相关违规事件。

第六，增加可疑违规情形的上报机制，如财务人员发现业务部门存在可疑的发票申请，应当立即上报合规部门，由合规部门介入审查。财务部门与合规部门密切配合，对发票违规事项尽早发现，及时处置。

四、用章审批流程

加盖公章则代表了公司行为。员工实施的犯罪行为认定由公司承担刑事责任往往需要有加盖公章的文件，证明员工系以公司名义对外实施相关行为。因此，公章管理不规范会让公司遭受风险，给公司带来隐患，大部分企业合规整改中，都需要规范用章的审批流程，对公司用章审批流程进行合规化改造。

企业可以根据实际经营情况对用章审批流程进行规范。例如，在流程上，增加合规员的用章审批，合规员审查出具合规意见后，才能进入下一个用章审批环节。明确用章的审批要求，完成各个审批环节后才能加盖公章。在制度上，则需要制定或完善《印章使用管理规定》。线下审批则制定配套的《印章使用审批登记表》和《印章使用台账》，供用章申请、审批、管理相关人员使用。如使用线上审批，则可以明确要求用章申请人上传完整的拟盖章文书材料，以便合规员审查，确保用章经过审批的各环节都清晰留痕，形成独立的用章档案。

五、具体业务流程

刑事风险防范管理的重点内容是对公司高发刑事风险点的具体业务、主营业务流程的合规化改造。这是体现风险防范措施有效性最为重要的内容之一。公司绝大部分犯罪行为都发生在具体业务、主营业务中。缺乏对具体业务、主营业务的监督流程，刑事风险防范体系很可能会被认为针对性不强或者不够深入。对具体业务流程的合规化改造，包括增设合规审批环节、增设合规员的一票否决权、嵌入合规审查点、列明禁止清单等。每个企业的具体业务、主营业务不同，顾问律师需要对企业的相关业务流程和相关犯罪手法都非常熟悉，才能协助企业量身定制适宜的具体业务流程。

(一)投标业务流程

以某数码有限公司涉嫌串通投标罪案为例:

投标是该公司获得业务的主要途径,投标业务的合规性需要重点规范。我们在尽职调查过程中发现,该公司虽有《投标管理制度》,但该制度仅仅规定了岗位职责分工、投标业务实施办法及投标具体流程,没有对投标过程中禁止实施的行为作出规定,更没有规定投标业务实施过程中的合规审批监督程序、违反相关规定的处罚后果等,没有形成投标业务的合规审批流程。业务员实际操作过程中也没有严格遵守已有的《投标管理制度》。如此,公司现有的投标业务流程,既无法给予员工明确的合规指引,又默许、纵容甚至变相鼓励企业员工的围标行为,导致公司在众多投标业务中面临串通投标罪的刑事风险。

在该公司的刑事风险防范整改中,其高发的刑事风险就是串通投标罪。刑事风险防范首先需要梳理企业的招投标业务流程,根据犯罪手法确定主要风险点,然后针对企业的实际运作情况,规范其招投标业务流程,防范招投标过程中出现串通投标的犯罪风险。串通投标罪的主要犯罪手法包括:员工利用私账代为收取、中转投标保证金;业务员为陪标公司制作相关标书,收集、结算陪标公司的投标保证金支付单据、报名材料、标书制作费支出材料等;经业务员申请,公司公账支出投标保证金到陪标公司的账户;由公司业务员统一打印标书;公司员工帮助陪标公司进行投标报名;冒充陪标公司员工购买招标书、投标、参加开标会;不同投标人相互代缴保证金等。这些犯罪手法基本都是因公司招投标业务流程不规范而滋生的。只要对公司招标业务流程进行合规化改造,就可以在很大程度上防范串通投标罪的刑事风险。在合规顾问律师的协助下,公司针对性地完善投标业务流程的措施,具体包括以下三个方面。

1. 在流程上,根据公司的业务习惯和部门设置,梳理公司投标业务的全流程,并在关键节点设置合规审查的环节

公司对外投标业务的全流程为:投标申请、营销中心商务审批、事业部

技术审批、投标工作安排落实、申请缴纳投标保证金、投标部门发起费用审批、合规员审批缴纳保证金的申请、财务部门审核缴纳保证金的费用、财务经理审批缴纳保证金的费用、出纳支付投标保证金、投标部门发起投标文件的用章申请、市场部审核材料、合规员审核用章文件、人力资源部门负责用章登记管理,最后由专人负责业务归档。该投标业务流程对投标业务的合规性能够起到实质性的监督作用,具体体现在专门增加的两个审查环节上。投标保证金的申请环节和投标文件的用章环节是串通投标犯罪行为的高发环节,这两个环节的管理不规范将带来重大的刑事风险,企业对此专门设置了两个刑事风险防范审查节点。

其一,投标保证金的审查。投标保证金的来源出账方式是认定公司是否涉及串通投标的重要证据。为避免公司出现代陪标公司支付投标保证金或者让其他公司代为支付投标保证金等违规行为,公司投标保证金的支出应当规范。规范后,由投标部门发起缴纳投标保证金的申请,合规审查通过后,财务部门进行财务审核,会计复核招投标保证金的缴纳账户信息、金额、投标备注等,审批完成后,才能流转到出纳处完成支付。

其二,投标文件用章的合规审查。投标部门申请在投标文件上盖章,合规部门审批后,才能加盖公章。合规员拥有一票否决权,若合规审查不通过,则投标业务无法进入下一个审批环节,无法推进。赋予合规部门在招投标业务中的真正合规审查权限。

2. 在配套制度上,为保证相关业务流程能得到严格执行,制定配套的合规制度

为了让业务流程能得到严格的执行,公司还制定配套的合规制度,包括奖惩制度、业绩考核、项目审批人的报告义务等。

其一,制定投标的规章制度,明令禁止围标、串标等违规行为,通过不定期的合规培训,宣讲招投标的各种违规行为。

其二,将业务合规作为业务员绩效考核的重要内容,让业务合规对业务员的收入产生直接影响,促使业务员遵守业务的合规要求。

其三,强化投标项目审批人的监督责任,如果发现业务员的投标项目明显不属于公司的业务领域,或者发现其他投标违规行为,审批人都应当及时

制止，并告知合规员，由合规部门进行审查处理。

3. 在具体操作上，设置线上招投标信息登记管理系统

公司专门设置线上招投标信息登记管理系统，实现上述投标流程的线上管理、线上审批。

根据该管理系统，每一个投标信息，都需要进行统一登记、拥有唯一编号、拥有完整的审批流程、完整的电子工作档案材料，禁止系统外的任何投标活动和投标审批行为，禁止口头、微信、邮件审批等违规审批的情形，让每一次投标活动都可以形成完整的电子档案，有迹可查。

上述业务流程可以在很大程度上防范员工在开拓业务过程中，以公司名义实施串通投标的违法犯罪行为，最大限度防范公司的刑事风险。即使部分市场人员通过蒙骗公司、提供虚假的材料等方式获得公司审批，让公司支出了围标资金等，且合规员未能审查发现，也不应将责任归咎于公司，该刑事责任也应当由相关公司员工承担，企业拥有充分的抗辩空间和证据材料。

（二）进出口业务流程

以某报关公司涉嫌走私普通货物罪案为例：

该案的犯罪事实是：2021 年 4 月，公司进口部主管徐某为满足客户需求，采用低报价格的方式将客户从日本采购的游戏机进口入境。客户将货物真实资料和改低价格的虚假发票发至报关公司邮箱，由该公司进口部主管徐某按照虚假发票制作报关单证，向海关申报进口。相关税费、代理费由客户支付至被告人公司总经理陈某私账或关联公司的账户。案发后，徐某被抓获归案，徐某供认他口头跟老板陈某说过客户想要低报价格进口的事情，老板同意，所以才低报价格进口。而老板陈某则坚持认为，他并不知道徐某为客户低报价格进口的事情，相关业务也仅收取正常的报关费用。该案让公司总经理陈某陷入走私普通货物罪的刑事风险，而且，由于公司缺少与刑事风险防范相关的措施制度，缺少充分的抗辩空间和证据材料，陈某及公司是否构成犯罪，很大程度上都依赖于不稳定的口供，抗辩的难度比较大。

我们尽职调查后发现，该公司的进口报关业务流程非常不规范，体现在：业务审批以口头、微信为主，完全没有规范的审批环节；业务员用微信或者个人邮箱接收客户合同、发票等报关资料，公司没有接收客户报关资料的专用邮箱；业务员收齐材料后自行报关，或者口头告知公司领导后自行报关，没有报关过程的合规监督流程；收取报关费用不规范，公司随意使用关联公司的公帐或者业务员微信、私账收取报关费用。最终，这些不规范的情况，导致该报关公司及陈某的无罪辩解难以被采纳。

在企业整改过程中，我们充分结合企业的业务不规范情况，以及走私普通货物、物品罪的常见犯罪手法，对企业的进口业务流程进行合规化改造。根据办案经验，走私普通货物、物品罪的常见犯罪手法是：改变贸易性质走私、以海关风险价报关走私、明知材料有假仍然收取报关费走私、公司业务员参与伪造报关资料等。这些犯罪手法滋生于企业进口业务流程不规范之中，对企业进口业务流程的合规化改造，可以在很大程度上防范上述刑事风险。我们协助企业构建规范的进口报关业务流程，防范走私的犯罪风险，主要风险防范措施设计如下：

1. 协助公司建立规范的进口业务流程

在流程上，我们协助该公司梳理、建立规范的进口业务流程，包括：客户信息录入、签订委托报关合同、报关单证审查、合规员复审单据、报关审批、合规员复审报关材料、纳税审批、验货放行、业务结算、单证存档等。

2. 协助公司开发进口业务线上审批系统

根据进口报关的业务流程，开发进口报关线上审批系统，实现从客户资质审核、草拟代理报关合同到完成进口报关、进行业务结算的全流程操作与审批的线上化。（1）系统中的申报操作全流程为线性审批，任何一个审批节点未进行操作或审批不通过，均不能进行下一步的任何操作，有效地防止了业务员私自报关的行为。（2）严格限制业务员的账户操作权限，防止业务员私自篡改报关数据，逃避合规监管。（3）设置“合同轨迹”功能，做到每一次业务操作和审批的精准留痕。（4）关键节点中设置“专职合规员+进口部主管”的双层审核审批，严格把关，防止业务员的违规操作。给予专职合规员对业务的一票否决权，保障专职合规员对每一笔进口业务的有效监管；在合同草稿审核环节,专职合规员负责审核客户资质资料是否真实、齐全,合同中的合规承诺条款是否完整无误,客户是否已经签署保障交易材料真实性的《承诺函》等;在报关单草单审核环节,专职合规员审查是否单单相符、单证相符;在报关预录入环节,合规员审查预录入内容是否与报关单草单全部一致等。(5)直接与官方的单一窗口数据互通,保障业务员、专职合规员、进口部主管均可第一时间获取货物的申报状态。

3. 制定落实进口业务规范流程的配套制度

为落实上述业务流程,我们协助公司制定的相关制度包括:(1)制定《进口报关操作指引》,详细列明进口报关业务的各环节,以及各环节的负责部门、人员及其工作内容。该指引对每一环节中存在的合规风险和应对措施,以及部门主管、专职合规员的审查职责、审查内容均予以着重标注,充分提示进口报关业务的风险点及合规要求,提醒相关人员谨慎遵守,以确保企业全面把控进口业务活动的法律风险。(2)制定《进口业务风险库》和《审查要点清单》,从合规风险防控管理的目标和原则出发,对业务所涉风险类型、风险内容作了详细的说明,并依据发生的可能性及频率对各类风险的等级进行划分,以供合规工作人员履行审批、监督职责时参考使用,帮助合规工作人员快速、全面了解进口业务风险情况,增强合规审查工作的针对性、有效性。

通过上述措施,企业可以在很大程度上规范进口业务流程,避免因为流程不规范,业务员利用业务流程漏洞,协助客户实施走私犯罪行为,为公司带来刑事风险。

第七节

建设企业合规文化

大部分企业都是“野蛮生长”,发展到一定规模后,迫于刑事风险或者可能经历刑事风险,才开始考虑企业合规的问题。企业面临刑事风险的原因除了企业本身的治理结构缺陷、管理漏洞以及制度流程隐患等之外,还和企业的合规文化密切相关。如以追逐利润为导向，为员工设置苛刻的绩效考核指标，对达不到目标的员工实施严厉的处罚措施，甚至实行严厉的末位淘汰机制，迫使员工为提高经营业绩而不惜以身试法；强调业务优先于合规经营，没有对产品立项和业务环节进行任何实质性的合规审查；对存在违法违规隐患的业务活动，采取包装、隐瞒甚至欺骗的掩饰措施，会造成越来越大的合规性隐患。[1] 长久而言，缺乏合规文化，企业就会以利益最大化的标准来设定企业的经营目标，不规范企业员工的具体行为，导致触犯法律底线。

一、企业的逐利性

"公司制度兴起于近代英国并对世界上许多国家和地区产生了深远影响。"[2]"现代西方文化产生的根源在于工业革命后形成的市场经济发展模式、制度以及因此而产生的行为方式，从而建立了利益和金钱至上的游戏规则。"[3]企业能够生存壮大，首先是其逐利本性发挥作用。企业的逐利本性就是以利益和金钱为导向，为了获得利益和金钱，可以不择手段；而获得了利益和金钱的结果，反过来会证明企业或员工经营行为的正确性。大多数企业的发展过程都是先以利益最大化为目标，让企业存活下来，并发展壮大，在发展到一定规模后，再考虑企业的合规文化问题。我们在办案过程中对此深有感受，管理层及员工普遍存在重业绩增长、轻法律风险的情况，这虽然在一定程度上使企业规模发展迅速，但这种以利益和金钱为导向的本性与法律规则是存在天然冲突的，企业的逐利性容易导致其突破法律规则，就像权力容易被滥用一样。而现代法治社会，更加注重规则，要想在企业的逐利性和法律规则间保持平衡就需要合规文化。缺少对法律规则的遵守和敬畏，企业发展会遭遇"瓶颈"，甚至破产。

[1] 参见陈瑞华：《合规整改中的高层承诺原则》，载《法律科学（西北政法大学学报）》2023 年第 3 期。

[2] 张乃和：《近代英国公司制度的起源》，载《吉林大学社会科学学报》2021 年第 6 期。

[3] 唐慧利、何龙、伍辛夷：《企业跨文化管理：理解、运用企业文化特点》，载《商业文化》2020 年第 27 期。

企业在生产经营过程中必须遵守法律规则，不能为了利益和金钱不择手段，破坏规则，法律规则束缚了企业无限度的逐利性。而不遵守法律规则且侥幸逃避法律责任的企业，则获得“劣币驱逐良币”的效应，将遵守法律规则的企业“淘汰”。避免“劣币驱逐良币”，依靠的主要是监管的威慑力。监管到位，提高违法企业的违法成本，才能相对降低守法企业的合规成本，从而防止“劣币驱逐良币”。

二、企业合规文化

“文化是民族发展的根本命脉所在，企业文化是企业发展的根本命脉。”〔1〕作为一个以营利为目的的社会组织体，企业的发展壮大，往往需要有自己的企业文化作为组织体成员一致的价值观。企业文化是企业在经营管理过程中形成的企业经营理念、经营目的、经营方针、核心价值观、企业使命、社会责任、企业形象等的总和；它既能激发企业员工的使命感，提高企业员工的凝聚力和向心力，还能增强员工的责任感、赋予员工荣誉感。〔2〕从不同的层面，企业文化可以有多种分类：如战略文化、品牌文化和营销文化；或物质层企业文化、行为层企业文化、制度层企业文化和精神层企业文化等。〔3〕

合规文化，是企业在合规管理过程中形成的合规理念、合规目的、合规方针、合规价值观、合规体系、合规管理运行等的综合，〔4〕是“贯穿于组织的价值观、道德规范、信仰和行为，并与组织结构和控制系统相互作用，产生有利于合规的行为规范”〔5〕。企业合规文化是现代企业文化的重要组成部分。企业合规文化的形成，与大时代背景紧密相关，与企业创始人或实际控制人的性格、社会阅历、价值观有密切关系。企业创始人或实际控制人的合规文化、合规意识，以及法律纠纷经历，会直接影响其对企业合规文化建设

〔1〕 齐善鸿、布玉兰：《企业文化研究：回顾、述评及未来展望》，载《现代管理科学》2019 年第 5 期。

〔2〕 参见郭青红：《企业合规管理体系实务指南》（第 2 版），人民法院出版社 2020 年版。

〔3〕 参见齐善鸿、布玉兰：《企业文化研究：回顾、述评及未来展望》，载《现代管理科学》2019 年第 5 期。

〔4〕 参见郭青红：《企业合规管理体系实务指南》（第 2 版），人民法院出版社 2020 年版。

〔5〕 中国中小企业协会团体标准《中小企业合规管理体系有效性评价》（T/CASMES 19—2022）。

的认识，进而影响企业的合规文化。

企业合规文化与企业经营行为、员工日常行为有直接关系。如果企业没有形成合规文化，或者虽然有纸面制度层面的合规文化，但在实际生产经营过程中放任、鼓励员工的违规违法行为，则员工对于企业合规经营的界限就会产生模糊的认识。如果违规违法的员工可以获得更好的待遇、额外的利益，则企业文化就会对员工的合规意识产生负面影响，产生"劣币驱逐良币"的效应，慢慢地让大部分员工都更倾向于实施违规违法行为。如果企业组织并利用员工实施违规违法行为，则员工就会完全缺乏合规意识。"在诱发企业犯罪的各种内生性因素中，合规文化不畅或缺失，才是企业犯罪的深层次诱因。"〔1〕因此，有效合规的实质性标准，应该立足于对合规文化的考察，合规文化是企业文化的核心构成。〔2〕 企业合规文化建设的目标，是让所有的企业成员都能敬畏规则、敬畏法律，不仅能自觉遵守规则、遵守法律，还能自觉抵制违反规则、违反法律的行为，监督其他成员的违规违法行为，形成牢固的合规文化意识。

三、合规文化建设

企业合规文化建设是一个"系统工程"，企业进行合规整改，最终都是为了从制度到文化上都体现合规经营，让合规嵌入企业及员工的日常经营行为中。"现有企业合规文化建设的实践都表明，通过'企业最高领导层的强调与践行—管理层支持与执行—员工的接受与遵循'这样一种自上而下的合规文化贯彻路径来构建企业合规文化，是目前来看最有效、也最符合现代企业管理架构特征的机制。"〔3〕企业文化的培育方法，包括领导承诺，管理层（董事会和高级管理人员）的身体力行，制定和发放合规手册，签订合规承诺书，培训等。〔4〕 结合企业合规办案经验，我们认为企业合规文

〔1〕 张远煌、秦开炎：《合规文化：企业有效合规之实质标准》，载《江西社会科学》2022年第5期。

〔2〕 参见张远煌、秦开炎：《合规文化：企业有效合规之实质标准》，载《江西社会科学》2022年第5期。

〔3〕 刘相文等：《中国企业全面合规体系建设实务指南》，中国人民大学出版社2019年版。

〔4〕 参见郭青红：《企业合规管理体系实务指南》（第2版），人民法院出版社2020年版。

化的建设，应该包括以下六个方面。

（一）合规启动会

合规启动会的召开可以作为企业合规文化建设的重要标志，合规启动会由企业的领导层召集并主持。企业合规启动会的具体内容包括：宣布企业启动合规整改，宣讲合规的制度、政策、必要性等，强调建立合规体系和风险防范体系的重要意义，公布合规整改的整体时间进程、合规整改的基本程序和内容，分配各部门合规整改的具体任务，必要时可以进行犯罪成因自纠自查并对涉案人员进行内部处罚作为企业警示教育的重要内容。通过合规启动会的动员和宣传，企业员工的合规意识大幅提高，企业刑事风险防范体系的建立迈出了重要一步，方便企业后续开展合规整改工作，营造合规氛围、建立合规文化。

（二）合规承诺书

合规承诺，尤其是企业领导层的合规承诺，是一个合规计划能得到良好执行的基础，是培育、传达合规文化的重要方式。我们认为，从合规文化建设角度，企业从实际控制人、高级管理人员到普通员工，都需要作出合规承诺。

对实际控制人而言，其合规承诺是企业合规治理的强大力量支撑。根据《中小企业合规管理体系有效性评价》（T/CASMES 19—2022）第 6.2 条 b）款的规定："确定合规管理第一责任人。法定代表人或实际控制人是企业合规的第一责任人，并作为合规管理委员会或合规领导小组的成员。各业务部门的负责人在其领域内也负有相应的合规管理责任。"企业实际控制人才是真正控制、经营企业的人员，企业是否合规运营管理，不仅直接影响其利益得失，也直接影响其是否承担责任以及如何承担法律责任。因此，企业实际控制人应该是企业合规的第一责任人。"最高层对合规治理的承诺和重视，将成为企业合规治理的'动力之源'，是企业合规管理可持续发展的一种强大支撑力量。"〔1〕

〔1〕 陈瑞华：《合规整改中的高层承诺原则》，载《法律科学（西北政法大学学报）》2023 年第 3 期。

对企业高级管理人员而言,“从企业合规的有效性看,唯有公司高层将自己和其他员工共同置于合规规则的约束之下,不追求凌驾于规则之上的特权,并通过自身权力行使的合规性来带动企业运营的合规性,才有助于培育和强化企业的守法氛围,为合规计划的有效实施提供适宜的土壤和条件”[1]。企业高级管理人员对于合规文化建设具有带头示范作用,没有高级管理人员的支持和表态,则企业推行合规文化建设的人力、物力、财力将受到较大限制,企业员工的配合度低,必然困难重重。

对普通员工而言,其个人行为与其合规承诺相违背,可以在很大程度上说明其个人意志与企业意志的背离,有利于企业的刑事风险防范。因此,公司也需要组织普通员工签署《合规承诺书》。员工不仅要承诺合规经营,还要配合公司的合规整改,帮助公司完成合规经营的义务。员工签署《合规承诺书》本身可以证明企业的合规文化、合规要求。

企业可以根据情况,考虑是否与供应商、经销商等其他合作方签署第三方合规承诺函,承诺杜绝一切贿赂、腐败等违法犯罪行为,知悉企业的举报信息,承诺协助查处不诚信、不廉洁的行为等。

(三)合规奖惩

企业对违反合规制度、违反合规文化的行为的态度,将直接影响企业合规文化能否真正形成。如果为了追求效益,对违规行为予以纵容甚至鼓励,则企业形成的是鼓励违法犯罪的文化,而不是合规文化。企业需要通过多种方式表现出明确禁止违规行为的态度,如制定奖惩制度。企业合规文化的建设离不开奖惩制度,对于违规员工给予一定的惩罚,如扣减工资和奖金、调岗、责令退回不当收益、批评改正、降级的纪律处分,乃至解聘的惩罚措施;对于积极学习、遵守合规文化的员工,予以一定的奖励,以充分表明企业支持合规行为、禁止违规行为的态度。

(四)合规手册与员工手册

合规手册和员工手册是企业合规文化的重要组成部分,是看得见的合

[1] 张远煌、秦开炎:《合规文化:企业有效合规之实质标准》,载《江西社会科学》2022年第5期。

规文化宣传材料，是员工看得见的合规要求。合规手册和员工手册不是仅向员工宣传和普及企业合规的法律知识，更重要的是向员工传达公司的合规要求，宣传公司与企业合规有关的各种规章制度和行为规范。制定完善的合规手册、员工手册，将企业的合规文化、合规制度要求、合规准则、违规行为惩处后果等固定成册，要求员工在入职时就要学习，并作为日常履职的依据、接受合规训练的组成部分，有助于企业形成合规文化。

合规手册的主要内容包括：公司的合规文化理念、公司的合规体系、一般合规准则；公司各类业务的合规准则；员工的合规义务、具体违规行为；员工参加合规培训的要求；对于员工违规行为的纪律处罚措施。

员工手册的主要内容包括：公司员工的日常行为规范，劳动关系及人员晋升管理、岗位调动、辞职、解聘、考勤等劳动人事管理规范，薪酬与福利制度，员工的培训与发展制度，保密制度，奖惩制度等，其中着重突出企业的合规要求及违规行为后果等合规相关内容，将对违规行为的处理措施明确规定在员工手册中，成为对员工违规行为进行处罚的依据。

合规手册和员工手册不仅助益于企业刑事风险防范，还有助于企业的劳动用工合规，合规手册和员工手册可以作为劳动合同的附件，让企业对员工违规行为的处理行为具备合规性。为落实合规手册、员工手册的合规内容，企业需要注意以下三个问题。

其一，合规手册、员工手册的合法性问题。合规手册、员工手册可能涉及员工的权益，包括奖惩、调岗、解聘等问题，需要经过合规的制定程序。《劳动合同法》第 4 条规定："用人单位应当依法建立和完善劳动规章制度，保障劳动者享有劳动权利、履行劳动义务。用人单位在制定、修改或者决定有关劳动报酬、工作时间、休息休假、劳动安全卫生、保险福利、职工培训、劳动纪律以及劳动定额管理等直接涉及劳动者切身利益的规章制度或者重大事项时，应当经职工代表大会或者全体职工讨论，提出方案和意见，与工会或者职工代表平等协商确定。在规章制度和重大事项决定实施过程中，工会或者职工认为不适当的，有权向用人单位提出，通过协商予以修改完善。用人单位应当将直接涉及劳动者切身利益的规章制度和重大事项决定公示，或者告知劳动者。"如果企业没有按照法定程序制定规章制度,发生纠纷后,合规手册、员工手册等规章制度有被认定为无效的风险。

以某家具有限公司与蔡某等 97 人劳动合同纠纷案为例:

蔡某等 97 人以某家具有限公司未经员工同意,重新制定工资计算的规章制度,改变工资的计算方法,损害了工人的劳动权益,违背了双方签订的劳动合同为由,要求解除与某家具有限公司的劳动关系并要求该家具有限公司给予经济补偿。某家具有限公司则抗辩认为:对于《奖金计算方案》,工会主席已作了签名,且注明"同意试行"并加盖了工会的公章,足以证明《奖金计算方案》已与工会协商。然而,裁判认为:虽然某家具有限公司就修订《奖金计算方案》召开了职工大会,但没有证据证明该修订系经过双方讨论、平等协商达成一致的意思表示后而确定,且包括蔡某等 97 人在内超过 120 名的劳动者,均在某家具有限公司就修订《奖金计算方案》召开的两次职工大会后,立即联名以书面形式两次向某家具有限公司提出了反对《奖金计算方案》修订案实施的意见。因反对人数已经超过应出席职工大会人数的一半以上,故可认定某家具有限公司修订《奖金计算方案》没有完成《劳动合同法》第 4 条第 2 款规定的法定程序,法院据此认定某家具有限公司修订的《奖金计算方案》在程序上存在违法,依法不受法律保护。蔡某等 97 人据此要求解除劳动合同,符合法律规定,法院判令某家具有限公司向蔡某等 97 人支付解除劳动关系的经济补偿金。[1]

可见,企业制定合规手册、员工手册,应当完善制定程序,保证决策程序合法,充分公示、告知员工,避免被认定无效,无法约束员工,避免在发生法律风险时无法为企业提供抗辩理由。

其二,完善合规手册、员工手册的发放程序。企业应当将合规手册和员工手册发放给每一位员工,要求员工认真阅读并承诺遵守手册内容,并要求员工签收。同时,保留相关记录,证明企业已完成基础的合规宣传工作。

其三,定期对全体员工开展合规测试,测试员工对手册的熟知和理解程

---

〔1〕 广东省高级人民法院驳回再审通知书,(2014)粤高法民申字第 2304 号。

度,并根据测试结果调整合规培训的内容。员工是否遵守合规手册、员工手册,可作为企业对员工进行奖惩的重要依据。员工个人的违规行为涉及企业法律责任时,员工参与合规培训,以及学习合规手册、员工手册的记录材料,可作为企业抗辩的重要证据。

(五)合规培训

对于合规文化建设而言,合规培训是必不可少的内容,合规培训是培育合规文化的基本手段。[1] 为有效推动企业合规宣传和合规培训工作,企业应当制定合规文化宣传培训制度,将合规文化宣传和培训制度化。"培训的目标是确保所有员工有能力以与组织合规文化和对合规的承诺一致的方式履行角色职责。"[2]不仅要求公司员工应积极参与,还要求将合规文化考核结果与其绩效奖金挂钩,增强员工学习合规文化、践行合规承诺的积极性。为了让合规培训制度化,可以考虑在公司规章制度中增加"合规培训要求"的内容,详细列明公司合规培训的具体要求,将合规培训纳入公司常规培训体系,以帮助全体员工了解法律法规和内部规章制度的最新变化,传达公司关于合规的最新政策和措施。

例如,2006 年西门子公司"贿赂门"案发生后,西门子公司加强了对目标人群、目标员工的培训,包括网络培训以及课堂培训。截至 2008 年,西门子公司在全球的 7 万多名员工接受了反腐败的课堂培训,培训时间长达 4~8 小时。[3]

又如,中兴公司塑造合规文化的重要着力点就是培训,运用多元化的培训方式,培养员工"知规—守规—执规"的规则遵从意识,在面对不断变化的内外部政策规则时,坚守合规底线。同时,让员工勿忘历史,直面"伤疤"。[4]

---

〔1〕 参见江必新、袁浙皓:《企业合规管理基本问题研究》,载《法律适用》2023 年第 6 期。

〔2〕 郭青红:《企业合规管理体系实务指南》(第 2 版),人民法院出版社 2020 年版。

〔3〕 参见霍玉菡:《由西门子公司重建合规体系说开来》,载《中国贸易报》2009 年 11 月 19 日,第 3 版。

〔4〕 参见谢峻石:《中兴通讯首席运营官谢峻石:持续优化合规治理,构筑合规数智化体系》,载微信公众号"WELEGAL 公司法务联盟"2022 年 8 月 6 日。

（六）持续营造合规氛围

合规经营理念不仅应体现在纸面的制度文件上，更应当深入企业经营管理活动的方方面面，潜移默化地影响每一位员工的思维模式及行动方式。除了建立常态化的合规培训制度外，企业还需要通过组织合规知识考试，制作合规文化宣传海报，开展合规活动月，设置合规办公室、合规公告栏，观看警示教育视频等多种多样的方式宣传企业合规文化，通过各种细节营造公司的合规文化环境氛围，确保每一位员工都能将合规文化“入脑入心”。反复向员工强调企业的合规文化，明令禁止放任、暗示、帮助、实施违法犯罪行为。此外，企业还应让其投资人、客户、商业伙伴等充分了解企业的合规文化。

例如，中兴公司在建设合规文化时，特别重视合规声明的作用，并借此在企业内外营造依法依规经营的文化氛围。为形成合规文化、增强合规意识、有效传达合规政策和合规理念，中兴公司自 2018 年起，向所有业务合作伙伴发出公开的“出口合规函”，强调公司的出口合规政策和流程。[1]

无论哪一种宣传方式，其实质都是在抑制违规文化、鼓励合规文化，最终是为了将企业的行为与员工个人可能的犯罪行为隔离，为企业的刑事风险作辩解准备依据。[2]

综上所述，合规文化能在较大程度上影响企业和员工的经营行为，能否建设合规文化是合规计划、合规整改措施的有效性评估中的重要内容。企业既需建立起有效的合规文化各项规章制度，还需要将企业合规文化的宣传、推广日常化，体现到企业经营的各方面。

第八节
开展企业合规培训

如前所述，合规培训是企业合规文化建设的重要手段，是企业向员工贯

〔1〕 参见陈瑞华：《合规整改中的高层承诺原则》，载《法律科学（西北政法大学学报）》2023 年第 3 期。

〔2〕 参见张远煌、秦开炎：《合规文化：企业有效合规之实质标准》，载《江西社会科学》2022 年第 5 期。

彻合规理念、合规制度、合规要求的基本手段或基本路径。合规培训是合规体系建设的重要内容,有利于提高员工的自觉意识和守法意识,潜移默化地建立企业合规文化。但合规培训的作用不仅是建设合规文化,企业合规整改以及刑事风险防范体系的运行,都离不开合规培训。合规培训的内容非常多,既包括针对业务部门、合规部门、高级管理人员、全体员工等不同对象的培训讲座,也包括针对不同业务流程、不同规章制度的培训,还包括各种刑事风险防范的专项合规培训。针对不同的培训对象与培训目的,应开展不同的合规培训内容。

一、企业合规培训的目的

在刑事风险防范过程中,对公司员工进行培训是很重要的。合规培训既能增加员工的合规知识、增强员工的合规意识,让员工在开展业务过程中可以准确把握罪与非罪的界限,也能为后续刑事风险防范体系运行奠定基础,减轻阻力,还能为企业减免责任提供有效的抗辩依据。

(一)普及刑事法律知识

很多企业员工法律知识不足、法律风险意识淡薄,可能没有意识到自己的行为构成犯罪,通过刑事风险防范培训,让员工知道企业及其个人行为可能涉及的刑事风险,懂得刑事犯罪的基础知识,避免员工的无意识犯罪导致企业及其个人陷入刑事风险。合规顾问律师需要结合企业的业务特点及所可能涉及的重点罪名,为企业员工进行专项的合规培训,将公司重点领域、重点部门、重点业务、重点人员面临的刑事风险有针对性地讲解清楚,避免员工在无意识的情况下触犯刑法。即便员工意识到部分行为是违法犯罪行为,合规顾问律师也需要通过刑事风险防范培训,对员工进行有效的警示教育,让员工不敢实施犯罪。总之,通过刑事风险防范培训,员工的合规意识、守法意识得到有效提高,能最大限度地防范刑事风险。

以某科技公司涉嫌串通投标案为例：

某科技公司的几名涉案员工被抓获归案。辩护律师在会见中了解到,在被抓之前,他们没有听说过串通投标罪,都不知道自己围标的行为属于串通投标，一直以为同行都是这样招投标的，自己这样做也没有问题。他们在微信聊天中，公开地谈论如何相互配合、相互围标、相互制作及提交投标资料，以及围标时如何代缴投标保证金等问题。案发后，公安机关迅速地获取了全部聊天记录，他们串通投标的犯罪事实展露无遗。

这种无意识犯罪，对企业和个人的杀伤力最强，因为他们没有意识到这是犯罪，所有的证据环节都清晰明了，证据很容易被调取，犯罪很容易被查实，辩护空间很小。而且，他们是为了公司的项目利益，以公司名义实施串通投标行为，公司及主要负责人也会因为部分员工的串通投标行为而面临刑事风险。

（二）普及合规体系知识

合规体系最终需要落实到每一个员工的具体行为中，落实的重要方法就是对企业员工进行合规培训。在合规整改启动初期，企业需要对企业员工进行培训宣讲，让其明白刑事风险防范的重要性、合规的步骤以及需要他们配合的工作，这样才能更加顺利地推进整改。在合规整改过程中，企业需要对企业员工进行培训，向他们讲解刑事风险防范体系的各项规章制度、合规的业务流程、合规文化要求、员工日常经营过程中的禁止行为，便于员工遵守合规要求。在合规整改结束后，企业运行刑事风险防范体系过程中，还需要持续对员工进行合规培训，督促他们继续遵守各项合规要求，坚持践行合规文化，执行刑事风险防范体系的措施。

（三）防范企业刑事风险

企业进行合规培训，不是简单地向培训对象灌输法律知识和合规知识、提出合规要求，组织合规培训是企业履行降低风险应尽义务的方式，当企业充分、合理地履行了该义务后，即使风险仍然发生，也不可继续将责任归咎于企业。[1] 企业是否对员工进行了充分到位的刑事风险培训、是否留存了足够的证据材料，也是刑事风险发生后判断企业是否需要承担责任及其罪

〔1〕 参见刘相文等：《中国企业全面合规体系建设实务指南》，中国人民大学出版社2019年版。

责大小的重要考量因素。

二、对不同人员的合规培训

根据对象的不同,企业合规培训往往需要不同的培训内容。可以大致分为对合规部门、高级管理人员、具体业务人员及全体员工的培训,内容各不相同。

(一)对合规部门的合规培训

针对合规部门的培训,应重点对公司的合规政策,公司的合规管理机构、合规部门工作职责,专职合规员和兼职合规员工作职责,公司内外部举报和投诉处理流程,合规调查流程等进行详细讲解,协助合规员建立对公司合规政策、合规制度运作的认识,让合规人员熟悉和了解合规管理的工作职责,提高合规员的合规监督调查的意识和能力,提高合规员对违法犯罪风险的识别能力,让合规部门能够切实履行合规监督职责。

以某公司涉嫌走私普通货物罪案为例,我们为公司制定了《进口业务管理制度》《进口报关操作指引》,对公司的进口业务流程进行合规化改造,增设了合规员的审核环节。具体如下:

(1)合同审核。客服组应当将合同、承诺书上传系统,并由专职合规员进行审核。(2)草单审核。专职合规员依照《审核要点清单》《复核要点清单》,对报关单证中客户提供的各项报关资料、报关单草单进行复核,确保报关材料真实完整、报关单草单的填制符合要求、关务组的审查不存在重大遗漏。未经专职合规员复核,关务组不得预录入报关单。(3)预录入审核。关务组在专职合规员复核后预录入报关单,预录入后,关务组再次提请专职合规员复核,专职合规员逐项审核预录入的电子数据与报关单草单内容是否一致,审核通过的,关务组才能在海关系统中提交报关单电子数据,完成电子申报。未经专职合规员复核,关务组不得向海关提交报关单电子数据。(4)现场查验跟进。如果遇到海关查验货物,专职合规员应当全程跟进海关的查验情况。如果遇到问题,专职合规员要及时做好解释工作,现场化解风险。因此,我们就需要对合规部门进行业务技能培训,讲解进口业务流程中合规员的四道审核关口：合同审核、草单审核、预录入审核、现场查验跟进；并对专职合规员就四道审核关口如何审查进行重点培训，以协助其更好地履职。

（二）对高级管理人员的合规培训

公司高级管理人员的合规理念，直接关系到企业合规理念，也直接关系到企业合规整改能否快速高效推进、得到员工的支持与配合。对高级管理人员的培训分为三个方面的内容：其一，强调公司合规的重要性，向公司高级管理人员宣传企业合规对于企业刑事风险防范、企业稳健发展、隔离企业及高级管理人员刑事风险的重要性，让高级管理人员重视刑事风险防范；其二，重点宣讲公司的合规工作内容，包括整改工作的进度、难点、问题和成果，以及长期整改工作计划，需要长期执行的合规制度体系；其三，宣讲高级管理人员严格遵守执行企业刑事风险防范体系对企业合规有效性的作用，企业合规不能只停留在纸面上。企业合规是否有效，直接受高级管理人员理念和行为的影响：如果高级管理人员带头违反企业刑事风险防范体系，或者对员工违反刑事风险防范体系的行为予以默许、放任甚至鼓励，则企业合规只有纸面意义，无法产生实质意义。

（三）对具体业务人员的培训

企业合规整改的重要内容，是对具体业务流程的合规化改造，改造后的业务流程顺利贯彻就需要具体业务人员的充分了解和遵守。因此，企业需要对具体业务人员进行合规培训，为他们讲解新旧业务流程的区别和他们需要遵守哪些合规要求等。例如，对财务审批制度进行规范后，就需要对财务部门以及需要发起财务审批流程的人员进行合规培训，他们的充分了解有助于财务审批流程的落地。

（四）对全体员工的合规培训

针对企业全体员工合规培训的重点内容，是企业员工需要遵守的各项合规义务、企业员工享有的举报与投诉权利、违规行为的后果，员工需配合合规部门对违规事件的调查等。这一方面可提升公司全体人员的合规意识和合规知识水平,另一方面有助于合规员监督工作的开展。通过对企业全体员工的合规培训,促进刑事风险防范体系的运行,为企业长期合规经营打下坚实的基础。

三、对各项制度的合规培训

企业刑事风险防范过程中,企业需要制定或者完善一系列与合规相关的制度,这就需要针对这些制度的不同受众,向他们讲解相关的规章制度,让企业员工充分理解企业的合规制度,促进企业合规制度的落地。

以某货运代理公司涉嫌走私普通货物罪案为例,我们为该公司制定了一系列合规制度,包括:

> 合规管理制度、进口报关操作指引、进口业务管理制度、合同管理制度、财务管理制度、电子邮箱使用规范、进口报关业务全流程审查合规指引和进口业务风险库。在整改过程中,我们就需要为员工针对这些制度进行逐一培训讲解,帮助他们了解并遵守、运用这些制度。

以某房地产开发有限公司涉嫌单位行贿罪案为例,我们为该公司制定并完善了防范刑事风险的一系列制度:

> (1)财务制度,包括《财务管理制度》《财务报销实施细则》《财务合规监管要点清单》《财务合规审查要点清单》《财务风险防控管理制度》等;
>
> (2)合规制度体系,包括《合规管理委员会议事规则》《合规管理制度》《合规举报与调查制度》《合规文化宣传培训制度》等;
>
> (3)其他制度,包括《业务管理制度》《合同管理制度》《业务接待管理制度》《加强债务管理严控债务风险管理制度》《内部审计管理规定》《采购管理制度》《融资管理制度》《员工手册》《合规手册》等。

在刑事风险防范过程中,合规顾问律师需要对公司相应员工进行培训,讲解各项规章制度的主要内容以及对这些规章制度的理解和执行,帮助他们了解、落实这些合规相关制度。

四、对合规业务流程的培训

企业刑事风险防范中重要的内容是完善高风险的业务审批流程,增设合规员审批的节点,赋予合规员审查权限和一票否决权。刑事风险防范需要结合企业的业务种类、经营模式,针对企业的高发刑事风险,进行业务流程的合规化改造,形成合规业务流程。而后,合规管理机构和合规顾问律师的重要工作就是向员工培训这些合规业务流程,协助企业将合规业务流程落地,让公司所有的业务都按照合规的流程办理。

以某再生资源投资开发有限公司涉嫌走私废物罪,走私普通货物、物品罪案为例:

我们为该公司规范了进口业务审批流程、国内贸易业务审批流程等,制定了进口贸易业务合规审查要点清单(包括进口贸易合同评审流程、委托保管审批流程、报关审批流程、进口贸易缴税申请流程、进口贸易入库申请流程、进口贸易销售合同评审流程、进口贸易收款开票申请流程、进口贸易出库申请流程等)、国内贸易业务合规审查要点清单(包括国内贸易采购合同评审流程、国内贸易付款申请流程、国内贸易入库申请流程、国内贸易销售合同评审流程、国内贸易收款开票申请流程、国内贸易出库申请流程等)。而后,我们的工作任务,就是对相关员工进行培训讲解,让员工明确各项申请、审批流程,帮助这些合规业务流程在企业落实。

五、对高发刑事风险的培训

每个企业的主营业务种类、经营模式等不同,面临的高发刑事风险也往往不同。生产型企业往往面临污染环境类犯罪的刑事风险;进出口贸易型企业往往面临走私类犯罪的刑事风险;依靠招投标业务获得公共项目的企业,往往更容易面临单位行贿、串通投标类犯罪的刑事风险。我们需要针对企业的高发刑事风险,为企业进行专项培训。例如,投标业务刑事风险防范专项培训、报关业务刑事风险防范专项培训。

（一）投标业务刑事风险防范专项培训实例

在某高科技股份有限公司（上市公司）涉嫌串通投标罪案中，该公司的主要业务源于公共采购项目的招投标。在开拓业务的过程中，公司员工习惯按照“潜规则”进行围标、行贿，导致该公司员工行贿案、串通投标案的发生频率很高，该公司多次面临刑事指控。虽然最后都在辩护律师的协助下，侥幸免于被追究刑事责任，但该公司实际控制人逐渐下定决心，改变业务模式，防范串通投标罪、单位行贿罪的刑事风险。

为此，我们进行了专项刑事风险防范整改。在整改过程中，我们为该公司员工进行招投标刑事风险的专项风险防范培训。培训的主要内容如下。

1. 串通投标罪的案发原因

串通投标行为和行贿受贿行为一样，往往发生在特定的人之间，具有较高的隐蔽性。案发的原因，可以让企业员工引以为戒。很多业务员都认为，同行都是通过串通投标和贿赂来获得业务的，案发的概率很低，因为串通投标发生在特定人之间，只要形成“攻守同盟”，自然不会案发。在专项刑事风险防范培训中，我们重点分析串通投标罪的案发原因，有助于消除企业员工的侥幸心理。串通投标犯罪案发的原因主要有以下三个方面。

其一，同行竞争者的举报。同行竞争者与企业存在竞争关系，他们熟悉行业“潜规则”、招投标程序、围标手法、评标程序等，他们与招投标的结果有直接利益关系。他们一旦未能中标，就可能对可疑的招投标行为进行举报。

案例>>>

梁某等人涉嫌串通投标罪案

该案案发的原因是招标单位收到内容为“检举某某公司招投标过程中存在的问题”的匿名举报信，该举报信称“在某某公司2016年10月进行的某某项目招投标过程中，存在项目经办人与某某公司串标、虚增招标设备台数、招标采购价格过高等问题”。招标单位针对该举报信内容进行内部调查核实,发现招标单位项目经办人梁某与某某公司的员工郑某等人之间存在涉嫌串标、虚增招标设备数量等严重损害招标人利益的违法犯罪行为。于是,招标单位向公安机关报案,由此案发。

其二,围标行为触发了预警系统。对于招投标的违规行为,有相关的算法可以分析判断,如聚类算法构建风险预警算法[1],又如,基于铁路工程电子招投标大数据,综合社团结构检测和函数拟合分析两种方法,可以有效识别预警铁路工程投标企业的异常行为。[2] 部分公司甚至还建立了串通投标预警系统,在投标数据存在异常时会触发预警,随后公司介入调查,进而案发。异常情况主要有:各分项报价差距非常大、差距明显不合理,且缺少合理解释,但总价差异非常小;或者差异虽极大但呈规律性变化等。这些投标异常行为都可能触发预警。

以安徽省淮北市研发公共资源交易大数据分析系统为例,该系统从四个方面对串通投标行为进行监测:①主体关系分析,对投标人抱团亲密度、招标人与中标人关系、招标代理与中标人关系、招标人与招标代理关系进行分析。②雷同性分析,依托获取的电子标书数据、标书制作过程中预埋的打击串通投标的一些电子标识,如有雷同,则触发预警。电子标识包括文件制作机器码、文件创建标识码、工程量清单加密锁、标书上传 IP、远程解密 IP、文件下载 IP 等。③评标阶段分析,串通投标分析模型固化到评标系统中,对投标人的投标价格、电子标书等进行分析识别,对专家评委的评标打分情况进行分析。主要分析类别包括投标报价偏离度分析、专家打分倾向性分析、投标人得分异常分析、电子标书商务标错误雷同分析、电子标书技术标内容雷同分析、投标联系人雷同分析。④异常行为分析,异常行为包括投标人中标率异常及招投标环节流程异常。中标率异常分析基于投标单位参与的所有投标项目的中标情况进行统计分析,对中标率过高或过低的投标人进行

---

〔1〕 参见尹家明、费清:《基于聚类算法的工程招投标自律风险预警应用研究》,载《现代信息科技》2021 年第 14 期。

〔2〕 参见乔柱、刘伊生、茹建青:《基于大数据的铁路工程投标企业异常行为预警研究》,载《铁道科学与工程学报》2020 年第 1 期。

串通投标预警。[1]

案例>>>

王某等人涉嫌串通投标罪案

公司发现某个采购项目总价为500万元左右,而三家供应商的投标报价第8个、第9个分项的报价值差分别达到270万元、170万元,但是总价最大的价差仅为17万元。同一个技术项目的运营维护服务和前段实施服务,价格相差这么大,但总价却相差极小,明显存在异常。投标供应商被公司采购中心列入采购"黑名单"。公司随即介入调查,发现了串通投标的事实,由此案发。

其三,招标单位的内部反腐败调查。招标单位在内部反腐败调查过程中,查处了相关负责人的受贿犯罪,而行贿受贿犯罪与串通投标罪是密不可分的,串通投标的行为人,往往需要向招标单位相关负责人行贿。受贿人员在接受调查时,很可能会如实供述其收受贿赂的行为,以及与受贿犯罪相关的串通投标行为。

案例>>>

吉某等人串通投标罪案

某省监察委员会驻省某某厅纪检组在监督调查处置过程中,受贿人员如实供述有关单位和人员在承接被监督单位项目的公共采购过程中存在串通投标的行为。于是,招标单位向公安机关移送《关于某某违法线索的函》,并附录各个项目清单及投标联系人情况明细、相关银行流水等证据材料。公安机关立案后查实,吉某等人利用某某科技有限公司等公司提供协助,在多个公共采购项目中,以行贿、统一制作标书、冒充授权代表、代为支

[1] 参见《淮北市:公共资源交易大数据分析系统》,载安徽省公共资源交易监督网,https://ggzy.ah.gov.cn/tzggDetail? guid=b262433b-bb6a-4675-a8f5-ef5c20809e3f&secondType=2,最后访问时间:2023年6月13日。

付保证金等手段互为串通投标，严重损害招标人合法利益，中标项目金额合计 1500 多万元。

2. 罪与非罪的区分标准

投标工作必须遵守《招标投标法》《招标投标法实施条例》等法律法规的规定，执行国家及行业颁布的标准、规范等规定。在投标过程中，禁止投标人与其他投标人、招标人、招标代理商等串通投标，损害国家、集体及其他当事人的合法利益。合规专项培训中，合规顾问律师需要为企业员工讲解投标业务中的禁止行为与合规行为，增强他们对罪与非罪的判断能力，避免无意识犯罪。

（1）禁止任何形式的串通投标行为。包括：①禁止与其他投标人约定中标人。②禁止与其他投标人约定部分投标人放弃投标或者中标。包括故意废标、无正当理由放弃中标、故意按照无效条款制作文件、故意不递交投标文件或撤回投标文件等。③禁止与其他投标人协商投标报价等投标文件的实质性内容。包括招标项目的技术要求、对投标人资格审查的标准、投标报价要求和评标标准等所有实质性要求和条件以及拟签订合同的主要条款等。④禁止与其他投标人相互约定，一致抬高或压低投标报价进行投标，使某个利益相关者中标。⑤禁止投标人之间事先商定，在中标前向其他投标人给付费用；或在中标后以管理费、分红等形式给予其他投标人补偿。⑥禁止投标人之间相互约定，借用其他公司名义或者挂靠其他公司投标，制作陪标公司的虚假投标文件，以获取中标资格。⑦禁止投标人之间串通作弊，为谋取中标而采取联合行动，或以不正当的手段妨碍、排挤其他投标人，扰乱招标市场，破坏公平竞争原则。⑧投标人不得以暴力手段胁迫其他潜在投标人放弃投标，或胁迫中标人放弃中标，不得强揽项目、恶意举报投诉中标人或其他潜在投标人，干扰招标投标正常秩序。⑨投标人不得与招标人、招标代理商串通，为谋求特定投标人中标进行协商。⑩投标人不得采用不正当方式从招标人、招标代理商处获取有利的标底、评标委员会成员等信息。⑪投标人不得采用不正当方式从招标人、招标代理商处获取潜在投标人的名称、数量以及其他可能影响公平竞争的有关招标投标的情况。⑫禁止以任何方式为他人投标垫付投标保证金。⑬禁止以任何理由由他人代为支付投标保证金。⑭禁止实施相关法律法规规定的其他串通投标的行为。

(2)禁止和招标方就投标方案的实施细节进行谈判。《招标投标法》第43条规定:“在确定中标人前,招标人不得与投标人就投标价格、投标方案等实质性内容进行谈判。”《招标投标法》第55条规定:“依法必须进行招标的项目,招标人违反本法规定,与投标人就投标价格、投标方案等实质性内容进行谈判的,给予警告,对单位直接负责的主管人员和其他直接责任人员依法给予处分。前款所列行为影响中标结果的,中标无效。”《招标投标法实施条例》第39条第2款规定,“有下列情形之一的,属于投标人相互串通投标:(一)投标人之间协商投标报价等投标文件的实质性内容”。2019年《招标投标法(修订草案公开征求意见稿)》第49条有了新变化,规定:“除法律、行政法规另有规定外,在确定中标人前,招标人不得与投标人就投标价格、投标方案等实质性内容进行谈判;但是在不影响公平的前提下,招标人可以与投标人就投标方案的实施细节进行谈判。”可见,虽然日后有可能允许招标人与投标人就投标方案的实施细节进行谈判,但在当前生效的法律规定下,禁止投标人和招标人在确定中标之前就投标方案的实施细节进行谈判。

(3)禁止行贿。在投标业务中,不得为取得中标资格、市场业务等利益,向国家工作人员、公司或者其他单位的工作人员及其亲属、利害关系人实施贿赂行为。包括:①禁止提供各种名义的提成、回扣、居间费。②禁止给予现金、礼金、礼品、消费卡、有价证券或其他金融产品、财产性权益或者其他好处(如购物卡、礼品卡、健身卡,名贵茶叶、烟酒、名贵特产,特殊资源、股票、装修服务等)。③禁止其他任何名义的贿赂行为。

(4)禁止不正当接触。包括:①除投标人被要求对投标文件进行澄清等情形外,从开标之时起至授予合同止,投标人不得就与其投标有关的事项主动与评标委员会、招标人接触。②不得明示或暗示评标委员会成员在评标活动中作出徇私舞弊,弄虚作假,故意违反评标原则、标准和办法的行为。③禁止以其他不正当手段接触影响招标人、评标委员会。

(5)禁止其他投标违法行为。包括:①禁止以他人名义投标或者以其他方式弄虚作假、骗取中标,包括但不限于:使用伪造、变造的许可证件;挂靠、借用资质投标;提供虚假的财务状况或者业绩;提供虚假的项目负责人或者主要技术人员简历、劳动关系证明;提供虚假的信用状况、法律事务信息等。②禁止直接将中标项目全部转让或违法转包给他人。③禁止其他投标违法违规的行为。

(6)投标中的合规行为。包括:①相互告知发标信息,邀请一起投标。②特定情形下向招标方提供不带报价的技术建议。《招标投标法实施条例》第30条规定:"对技术复杂或者无法精确拟定技术规格的项目,招标人可以分两阶段进行招标。第一阶段,投标人按照招标公告或者投标邀请书的要求提交不带报价的技术建议,招标人根据投标人提交的技术建议确定技术标准和要求,编制招标文件。第二阶段,招标人向在第一阶段提交技术建议的投标人提供招标文件,投标人按照招标文件的要求提交包括最终技术方案和投标报价的投标文件。招标人要求投标人提交投标保证金的,应当在第二阶段提出。"③可以参与招标人组织的踏勘项目现场的活动,但招标人不得组织单个或者部分潜在投标人踏勘项目现场。④经评标委员会要求,投标人须对投标文件中含义不明确的内容作必要的澄清或者说明,但是澄清或者说明不得超出投标文件的范围或者改变投标文件的实质性内容,如投标价格、投标方案等。

通过对串通投标罪的案发原因、投标过程中的禁止行为与合法行为的分析培训,让企业员工在参与投标时,能清晰认识到罪与非罪的边界,避免无意识犯罪,起到很好的警示教育作用。从企业的角度,上述招投标过程中的禁止行为就是企业禁止员工实施的行为,员工违反上述合规要求,公司可以根据规章制度对违规员工作出相应的惩罚,以体现公司不存在对违规行为的默许、纵容和鼓励。

(二)报关业务刑事风险防范专项培训实例

某国际货运代理有限公司涉嫌走私普通货物罪合规整改案中,该公司主营业务是进出口贸易的代理报关,由于对其中部分货物进行低报价格走私,被办案机关查获,追究该公司及相关责任人员的刑事责任。在合规整改过程中,其中一次培训是专门针对报关公司进口业务刑事风险防范的专项培训。培训的主要内容如下。

1. 报关业务刑事犯罪的常见案发原因

报关公司的进口业务刑事犯罪案发的常见原因,是海关稽查。海关稽查是指海关自进出口货物放行之日起3年内或者在保税货物、减免税进口货物的海关监管期限内及其后的3年内,对与进出口货物直接有关的企业、单位的会计账簿、会计凭证、报关单证以及其他有关资料(以下统称账簿、单证等有关资料)和有关进出口货物进行核查,监督其进出口活动的真实性和合法性。

与进出口货物直接有关的企业、单位,海关有权对其实施稽查,包括从事对外贸易的企业、单位;从事对外加工贸易的企业;经营保税业务的企业;使用或者经营减免税进口货物的企业、单位;从事报关业务的企业;海关总署规定的与进出口货物直接有关的其他企业、单位。海关稽查是行政调查的行为,可以调取、查阅资料,查验货物,查询银行流水,查封、扣押会计账册凭证等。海关稽查如发现违反海关监管规定、法律法规的情形,则由海关进行查处。不构成犯罪的则进行行政处罚;主动向海关报告违反海关监管规定并接受海关处理的,应当从轻或者减轻行政处罚;构成犯罪的追究刑事责任。

2. 报关公司的审查义务界限

《海关进出口货物申报管理规定》第12条第2、3款规定,报关企业办理报关手续,应当对委托人所提供情况的真实性、完整性进行合理审查,如果报关企业没有对进出口货物的收发货人提供情况的真实性、完整性履行合理审查义务或者违反海关规定申报,应当承担相应的法律责任。但是什么才是合理审查义务,怎样才算尽到合理审查义务,以及未尽到合理审查义务需要承担什么样的法律后果?当前法律法规对此并没有进一步的详细规定。对于报关公司及其员工而言,他们最关心的问题就是报关行业的公司和员工的审查义务要求是什么,必须尽到什么样的审查义务才能防范刑事风险。

(1)按照客户发的资料报关就没有刑事风险吗?

企业及其实际控制人、众多高级管理人员、业务员一直坚持的经营理念是“只要资料、价格等是客户提供的,那就按照客户提供的材料报关,不要修改客户的材料”。这种经营理念有没有犯罪风险?如果海关稽查确实被查到了低报价格、伪报品名等走私犯罪事实,报关公司、报关员有没有刑事风险?这是报关公司、报关员普遍存在的疑虑和担忧。其实,这种经营理念本身没有问题,如果公司上下都是这么做,按照客户提供的资料如实申报,低报价格、伪报品名等违法犯罪,也都是客户的事情,报关公司、报关员都不构成犯罪,不会被追究刑事责任。但是,刑事风险就发生在,客户向报关公司工作邮箱或者向报关员个人邮箱、微信等发送的内容不可控。例如,客户提供两套发票号一样、内容一样,但是价格或者品名不同的报关材料。此时,报关公司再辩解说不修改客户的资料就没有问题,这个辩解就明显不成立。因为有两套报关材料,必有一真一假。公司员工必然与客户就用哪一套发票的价格、品名来报关的问题有过沟通。那么,报关公司和员工就有刑事风险。因此,报关公司及其员工与客户的邮箱往来记录、微信聊天记录等,就会成为报关公司和员工犯罪的证据。

(2)不知道客户材料的真实性就没有刑事风险吗?

企业实际控制人还有一种经营理念认为,“报关公司、报关员不知道客户提供的材料是否真实,不管客户提供的资料真假,直接报关就行”。报关公司接受客户的材料进行申报,完全没有修改客户的价格,完全不知道客户提供的报关材料是否真实可靠,不知道他们的真实交易价格、品名等,客户给什么材料,公司直接报关就行,不用管真假。最后即便发生客户低报价格、伪报品名等走私犯罪事实,报关公司和员工也可以辩解说不知道客户所提供材料的真实性,据此防范刑事风险。这种经营理念,听上去似乎没有问题。但是,如果公司员工自己去核查价格,怀疑低报价格、伪报品名,甚至还去官网、旗舰店对比官方价格,发现了价格低的可能或者嫌疑,仍不停止合作,继续代理报关进口,这就有问题。要么不怀疑,怀疑就不能代理报关。若已经产生怀疑,还继续代理报关,则裁判观点往往认为,报关公司已经怀疑客户提供的价格过低,而且还通过多方渠道比对过,发现确实价格过低,这时还报关,最后也确实发生低报价格走私的犯罪事实,那么,报关公司和员工就属于明知而实施犯罪行为,已经构成犯罪。

（3）工作文件合规就没有刑事风险吗？

报关公司既没有收到客户的两套发票，也没有修改客户提供的报关价格，没有去核查客户提供的报关价格是否真实。从公司的邮件、聊天记录、业务文档上看，报关公司、报关员开展的报关业务合法合规。此时，如果出现走私犯罪，能否全部归咎于客户蒙骗公司，报关公司和业务员都没有刑事风险？工作文件合规，确实是很重要的抗辩理由。但是，决定报关公司和员工会不会被追究刑事责任的关键是，面对刑事危机时，报关公司及其员工能否妥善应对。

例如，从工作文件看，报关公司没有收到两套发票，也没有修改价格、没有怀疑过客户提供的价格，但是，接受调查问话的时候，报关员等员工供述：跟客户商量过低报价格走私的事情，或者客户提到过有两套发票，只发了价格较低的发票，公司就按照客户提供的材料报关；或者公司员工当时怀疑过价格太低，不太合理，还向老板请示这个价格似乎太低怎么处理。如果供述中有类似的情形，那报关公司及报关员就直接面临刑事风险。此时，所有纸面上的合规表象都会被口供、证言突破。报关员等公司员工的供述或证言，就会被认定为报关公司和报关员低价报关走私普通货物犯罪的证据。

（4）完全听信客户的陈述，就没有刑事风险吗？

报关公司、报关员对于客户陈述的内容、提供的材料，完全不加质疑、不管真假，只要提供过来就按照材料报关，只要客户给出解释就认为合理可信，因此，即使发生了走私犯罪事实，报关公司、报关员也是被蒙骗的，也应该无罪，这种经营理念能否为公司防范刑事风险？答案是否定的。客户陈述的内容、提供的材料，也要符合常理常情，符合正常理性人的认知范围。如果客户给出的是明显存在漏洞、明显不符合逻辑、明显虚假的资料或者解释，报关公司、报关员还不加甄别，全盘吸收，刑事风险是很高的。

以徐某等人涉嫌走私普通货物罪案为例：

报关公司工作人员徐某接收到两封邮件、两套发票。微信聊天记录显示，徐某在收到两封邮件、两套不同价格的发票之后，还发微信问客户为什么价格不一样，客户给了一个看起来合理的解释。“问：你发现××涉嫌低报价格后是如何处理的？答：我微信问过他为什么价格不一样，为什么要低报。他说，那个高的价格是日本供货商为了退税提高了价格的发票，实际的价格是价格低的发票，但我比对过价格，再怎么样也不可能像他发的价格低的发票那么低。”徐某等人完全接受了客户提供的解释，按照价格低的发票进行报关。

在该案中，客户提供了两套发票，价格有高有低，甚至品名也被修改过。此时，报关公司要求客户解释为什么不一致，客户提出了一个合理的解释，价格高的发票是假的，是为了退税之类的目的而制作的，低的才是真实成交的价格，要求报关公司按照价格低的发票报关即可。那么，报关公司能不能睁一只眼闭一只眼就接受或相信客户的陈述解释，按照低价报关？对此报关公司需要特别慎重。

通过微信聊天记录可以发现，其实徐某自己也意识到价格不可能这么低，客户提供价格这么低的发票，就是在实施低报价格的行为。在这种主观认识之下，徐某还帮助客户按照低报的价格走私进口，基本就会被认定为存在走私犯罪故意。

司法实践中，裁判者一般已经形成习惯性认识，有两套发票更合理的解释就是为了低报价格进口逃税。如果最终被查出来确实发生走私逃税的犯罪事实，则两套发票就会被认定为合谋走私的证据，报关公司和报关员的解释已经很难说服裁判者。

3. 报关公司需要证明尽到合理审查义务

在走私普通货物案件中，报关公司、报关员往往首当其冲，具有很大的犯罪风险。报关公司、报关员如明知报关资料不实，仍然接受委托代理报关进口，就容易被认定构成走私普通货物罪。为了进行有效抗辩，报关公司、报关员需要证明已尽到合理审查义务。

《海关进出口货物申报管理规定》第 12 条规定：“报关企业接受进出口货物收发货人委托办理报关手续的，应当与进出口货物收发货人签订有明确委托事项的委托协议，进出口货物收发货人应当向报关企业提供委托报关事项的真实情况。报关企业接受进出口收发货人的委托，办理报关手续时，应当对委托人所提供情况的真实性、完整性进行合规审查，审查内容包括：（一）证明进出口货物的实际情况的资料，包括进出口货物的品名、规格、用途、产地、贸易方式等；（二）有关进出口货物的合同、发票、运输单据、装箱单等商业单据；（三）进出口所需的许可证件及附随单证；（四）海关总署规定的其他进出口单证。报关企业未对进出口货物的收发货人提供情况的真实性、完整性履行合理审查义务或者违反海关规定申报的，应当承担相应的法律责任。”根据上述规定，报关公司、报关员负有对报关资料真实性进行审查的法律义务，一旦走私犯罪事实发生，报关公司、报关员是否构成走私普通货物罪、是否需要承担刑事责任，此时需要考察报关公司、报关员有没有履行上述合规审查义务。

报关公司、报关员如没有走私的共同犯罪故意，即使没有审查出来报关资料存在虚假情况，也不构成犯罪，但需要有充足的证据以“自证清白”。这些合规审核过程的痕迹，就是用来帮助企业“自证清白”的证据材料。一旦某一单业务涉及走私犯罪的风险，这些证据材料就是证明公司不仅没有走私的合谋和故意，而且已经尽到了合理审查义务的重要证据，公司就不构成走私普通货物罪。那么，谁隐瞒、欺骗了报关公司，谁就自行承担刑事责任。收发货人隐瞒，则他们自行承担刑事责任；报关员个人隐瞒报关公司，与收发货人合谋走私，则报关员个人的行为不代表报关公司，报关公司不应承担刑事责任。

但是，这些证明报关公司尽到合规审查义务的材料，只是理论上起到让报关公司及员工防范刑事风险的作用。在实际操作中，还需要综合考虑报关公司涉案员工接受调查时应对是否得当。如果员工接受调查说，除了这些表面现象，我们还做了修改价格、制作两套发票、修改品名、与客户洽谈走私事宜等参与走私普通货物犯罪共谋的行为，则报关公司及员工的刑事风险是比较大的。

4. 报关公司进口业务涉嫌的常见罪名

对报关业务刑事风险防范专项培训，还需要讲解报关公司进口业务涉嫌的常见罪名。主要包括：（1）逃避商检罪，即违反《进出口商品检验法》的规定，逃避商品检验，将必须经商检机构检验的进口商品未报经检验而擅自销售、使用,或者将必须经商检机构检验的出口商品未报经检验合格而擅自出口,情节严重的行为。(2)走私类犯罪,包括走私普通货物、物品罪,走私国家禁止进出口的货物、物品罪,走私废物罪,走私淫秽物品罪,走私人类遗传资源材料罪,走私毒品罪,走私制毒物品罪,走私武器、弹药罪,走私核材料罪,走私假币罪,走私文物罪,走私贵重金属罪,走私珍贵动物、珍贵动物制品罪等。(3)贿赂类犯罪,包括行贿罪、单位行贿罪、对非国家工作人员行贿罪、非国家工作人员受贿罪等。通过培训,让员工对报关进口业务的各环节可能涉及的刑事风险有清晰的认识。

六、对常见犯罪手法的合规培训

很多时候,犯罪行为人往往会认为他的犯罪手法比较隐蔽,不会被发现,案发率比较低,因此心存侥幸,却不知道这些犯罪手法对司法机关办案人员而言是非常常见、非常典型的。企业员工如果持这样的心理从事违法犯罪行为,就很容易为自己及企业带来刑事风险。因此,我们需要对企业高发刑事风险对应的常见犯罪手法进行充分的讲解,让公司员工知道其违规行为的法律判断以及裁判观点,对此进行充分的警示教育,让员工引以为戒,三思而行。

以走私普通货物、物品罪的常见犯罪手法为例,其常见犯罪手法有下列几种:

(1)改变贸易性质走私。在代理国内客户申报进口货物的过程中,明知涉案货物应以一般贸易方式申报进口,仍采取伪报贸易性质、低报价格的方式,将货物通过跨境电商平台申报等方式进口,偷逃税款。具体手法为:伪造虚假订单、支付单、物流单以及联络客户确定申报价格、制作虚假申报单证等。[1]

(2)包税(包报税、代理费及运输费等费用)报关走私。包税操作比较简单,结算时不需要与客户核算报关、纳税、拖车等成本,而是将所有成本计算在一个全包价内。明知包税价格过低,不足以涵盖税收,以"包税"条件转接

[1] 例如,上海市第三中级人民法院刑事判决书,(2021)沪03刑初32号。

报关业务进行通关;或者在客户没有提供货物的真实购销合同、发票,且不清楚货物的真实情况、真实价格的情况下,以"包税"条件转接报关业务进行通关,最后以虚假合同、发票、装箱单等单证申报进口,犯走私普通货物、物品罪。[1]

(3)海关风险价报关走私。很多做进出口贸易的公司或个人都喜欢采用"海关风险价"来报关,这不仅能提高报关申报成功率,还能最大限度地获得更多的利润。裁判往往认为,经营者的报关价格是以与海关风险价相近的价格申报,经营者明知道实际成交价,也明知道报关价是海关风险价而不是实际成交价,仍低报价格而少缴税款,其行为已构成走私普通货物罪。[2]

(4)海关风险价基础上的包税走私。包税走私案件中,包税的价格并非盲目的,也需要能逃过海关监管,因此,他们往往会以海关能接受的价格为基础收取包税进口费。业务部门揽到货物后,以海关大概能接受的价格制作报关单证,对品名作适当的改动,代理进口货物是会少交些税款,起码要比正规报关少交一定的税款,通过这种方式把成本压在包税费下。但如果找到海关能接受的最低价格进行申报,所需缴纳的关税等费用加上进口环节的运输费高于包税费,这样的包税价做不了,业务员就会再去和客户联系。如果客户愿意提高包税费用,公司有钱赚,那么就可以合作;如果客户不愿意提高包税费用,公司就只能终止合作。如果公司有这样的犯罪行为,公司员工众多,海关是很容易通过调查获悉的,因为总有人会如实供述。[3]

(5)明知材料有假,仍然收取正常报关费走私。公司或个人没有修改报关进口的申报材料,但根据客户发过来的材料或者在与客户洽谈时,已经知晓真实价格、明知申报价格过低的情况下,仍然进行报关进口,犯走私普通货物、物品罪。[4]

(6)参与伪造报关资料走私。伙同货主(客户)制作、使用虚假的合同、发票、装箱单等报关单证,通过低报价格、伪报品名等方式进口货物,涉嫌走

---

〔1〕 例如,广东省高级人民法院刑事裁定书,(2019)粤刑终1521号。
〔2〕 例如,广东省佛山市中级人民法院刑事判决书,(2012)佛中法刑二初字第21号。
〔3〕 例如,广东省东莞市中级人民法院刑事判决书,(2021)粤19刑初26号。
〔4〕 例如,广州市中级人民法院刑事判决书,(2022)粤01刑初390号。

私普通货物、物品罪。[1] 或者按照客户的要求，协助修改合同、发票价格，重新制作虚假合同、发票等单证后，再交由公司报关员报关、报检。[2]

（7）洗单方式走私。货物的产地与其价格、关税有很密切的关系。为了偷逃税款，犯罪嫌疑人也会在货物运输入境过程中，增加另外一个目的地、另一个交易环节，并重新制作产品的提单、合同、发票、装箱单等单据，达到隐瞒真正供货商、产品价格、原产地等目的，进而少缴、不缴税款，这个过程就是洗单走私。

第九节
合规监督与合规考核

企业刑事风险防范体系的日常执行与运作需要形成企业内部监督和外部监督两个层次的合规监督，最大限度地督促企业刑事风险防范体系从纸面走向实践。企业的合规考核包括合规部门对员工履职情况，以及企业对合规部门履职情况的考核。为充分发挥合规监督与考核的作用，部分企业也会考虑建立违规通报制度和“黑名单”制度，增强合规监督与考核的震慑力。

一、内部监督

企业刑事风险防范的内部监督，主要包括两个方面：合规管理机构的监督和审计部门的监督。前者负责对企业日常经营管理行为是否合规进行监督；后者则侧重于对包括合规管理机构在内的各有关部门和业务单位落实合规管理工作及其工作效果进行监督。

企业根据自身的经营规模确立内部监督机制，大部分中小企业可能无法同时承担合规管理机构和审计部门的运转费用，无法形成两套内部监督机制，因此需要根据企业实际情况建立具有可行性的内部监督机制。

---

〔1〕 例如，广东省高级人民法院刑事判决书，（2018）粤刑终159号。
〔2〕 例如，广东省深圳市中级人民法院刑事判决书，（2017）粤03刑初91号。

(一)合规管理机构监督

合规管理机构作为企业合规管理各项工作的具体实施者，也是为公司各部门和分支机构的业务活动提供合规支持的机构，对公司合规管理具有当然的监督职责。合规管理机构的监督有日常合规监督和定期专项检查，包括日常的合规巡查监测、定期对各项业务进行专项合规检查，处置违规人员并向公司通报合规检查结果，根据合规检查结果对公司相关合规制度、业务流程等进行优化和调整。

(二)内部审计部门监督

合规与审计虽有密切关联，但两者解决的问题不同。合规解决的问题是企业活动是否符合内外部规范，而审计解决的问题是企业活动是否达到了预期效果，合规与审计可以相互支持。[1] 规模较大的企业内部也可以建立审计部门的合规监管制度，企业审计部门对公司的合规管理情况进行独立审计，[2]形成合规管理机构与审计部门之间的合作和信息交流机制。审计部门的监督主要是对合规管理机构在内的各有关部门和业务单位是否按照合规体系落实合规管理工作及工作效果进行监督评价，审计机构将审计情况通报给合规管理机构。合规管理机构也可以根据合规监测情况，主动向审计部门提出开展审计工作的建议。

国务院国资委制定的《中央企业全面风险管理指引》(国资发改革〔2006〕108号)第40条规定："企业内部审计部门应至少每年一次对包括风险管理职能部门在内的各有关部门和业务单位能否按照有关规定开展风险管理工作及其工作效果进行监督评价，监督评价报告应直接报送董事会或董事会下设的风险管理委员会和审计委员会。此项工作也可结合年度审计、任期审计或专项审计工作一并开展。"原保监会制定的《保险公司合规管理办法》第23条规定："保险公司内部审计部门履行合规管理的第三道防线职责，定期对公司的合规管理情况进行独立审计。"第24条规定："保险公司应当在合规管理部门与内部审计部门之间建立明确的合作和信息交流机

[1] 参见刘相文等：《中国企业全面合规体系建设实务指南》，中国人民大学出版社2019年版。
[2] 参见郭青红：《企业合规管理体系实务指南》(第2版)，人民法院出版社2020年版。

制。内部审计部门在审计结束后,应当将审计情况和结论通报合规管理部门;合规管理部门也可以根据合规风险的监测情况主动向内部审计部门提出开展审计工作的建议。"

例如,美国陶氏化学公司设立了集团层面的集团职业道德与合规办公室,向董事会负责,同时,在经营地设置地区职业道德与合规办公室,由陶氏当地负责人、高级财务人员、高级人力资源人员和高级法律人员组成,负责协助报告、调查和处理该地区合规问题。地区职业道德与合规办公室归属集团职业道德与合规办公室,并受法务总监和董事会下设的董事会审计委员会监督。美国杜邦公司则由总审计师和首席操守官以及合规检查专员领导中央职业操守及合规经营委员会。[1]

二、外部监督

企业刑事风险防范的外部监督,主要包括两个方面:司法机关对企业合规体系的监督,企业员工及外部人员对违规行为的举报、投诉、监督。

(一)司法机关监督

主动刑事风险防范中,企业发生刑事风险后,司法机关对刑事风险防范体系的有效性评判会成为对企业罪与非罪、罪责大小的重要评判标准。从这个意义上看,主动刑事风险防范中也存在司法机关的监督机制。

(二)举报投诉监督

为有效进行刑事风险防范监督,企业还需要建立完善的举报管理制度。具体可以参照司法机关对于报案、举报的处理方式,由公司专人负责跟进,对每一条举报线索、每一个事件都进行调查、作出反馈,建立每一个举报事项的独立调查档案。如此,举报制度才能真正发挥监督的作用。由合规管理机构设立专门的举报渠道,对公司员工或者合作方在商业活动中的违法违规行为,接受知情人员随时举报、投诉、监督。合规管理机构在收到举报后,应指派专门人员受理、调查、跟进,保障对公司员工及其与合作方商业

[1] 参见刘相文等:《中国企业全面合规体系建设实务指南》,中国人民大学出版社 2019 年版。

行为监督渠道的通畅。例如,湖南建工集团的合规体系中引入了最难建立起来的合规举报制度,实行24小时电话举报,由企业内部员工和第三方举报违规行为[1]。

为使举报投诉的监督机制有效运转,企业还需要配套制定《举报管理制度》以及配套使用的《电话举报登记表》《网络登记表》《信函举报登记表》《举报/交代接访笔录》《立案登记表》《调查报告》等制度及工作文书模板,帮助合规管理机构更好地履行监督职能。

案例>>>

某公司涉嫌串通投标罪案

企业制定举报管理制度,明确举报和投诉的接收、处理、调查、回复等流程。

第一,建立多种形式的举报投诉渠道。(1)电话举报。涉案企业将合规部经理的个人号码作为专门的电话举报热线,使举报线索能够直接反馈至合规部负责人处。(2)电邮举报。企业设置了廉洁监督邮箱,由合规部经理直接负责管理。(3)官网举报。企业在其官方网站上设置了专门的"举报投诉"入口。登录企业官网,点击"关于我们",选择"举报投诉",即可向合规部举报投诉不合规事件。举报人需填写举报事件并上传相关证据材料,可以实名举报也可以匿名举报。(4)信函举报。举报人可将举报线索寄送至企业合规部。(5)来访举报。举报人可直接到公司现场进行举报、投诉,合规部门负责接待处理。企业已将上述5种举报方式和信息发送至每一位员工的工作邮箱,并制作了相应的举报投诉的宣传海报,张贴在公司的宣传栏内,确保每一位员工都能熟知公司的举报投诉政策。

第二,举报内容范围。包括公司员工与投标人、招标人、招标代理人串通投标、发生不正当接触等行为,或者员工故意泄露投标标底价格,故意损害公司利益的行为,以及其他违法违规行为。

第三,举报受理流程。对于不同形式的举报,合规部工作人员均应当制

[1] 参见陈瑞华:《企业合规的基本问题》,载《中国法律评论》2020年第1期。

作相应的举报登记或接访笔录，准确、完整地记录举报人的姓名、地址、电话和举报内容。对于证据材料不足、事实不清的举报，应当建议举报人进一步补充相应材料。

第四，举报审查程序。合规部对于接收的举报线索，应在14日内进行审查，并作出处理结果。如初步审查属实，应予以立案；如有待举报人进一步提供资料，或进一步审查，可以延长审查期限；如举报内容不清，可以存档待查；如举报内容严重失实，作结案处理。

第五，合规调查程序。合规部可采取调取资料、询问人员、现场走访等方式进行调查，出具调查报告，上报至合规管理委员会审核。针对公司董事、监事、高级管理人员的举报线索，应当由合规管理委员会成立特别调查小组，将调查结果汇报至董事会，由董事会根据规章制度作出最终裁决。

第六，举报人的权利保障。这包括获得保护权，不得对举报人进行打击报复或不公正对待；知情权，举报人可随时查询举报处理情况；获得奖励权，举报查证属实的，可在1万元至5万元的范围内对举报人发放奖励，并明确回复举报人和给予奖励的相关期限。

第七，合规工作人员的监督和处罚。合规部工作人员应当勤勉尽责，不得滥用内部调查职责。如发生违规行为，应当先行作撤职处理，再由合规管理委员会依照《员工手册》的规定给予纪律处分。

三、合规考核

合规考核是一种以合规为指导的评价机制，对员工而言，其既是监督和评价机制，也是激励机制，是对员工特定时期内的职务行为的合规性以及员工识别和应对合规风险能力等因素的综合评价。[1] 合规考核主要分为两大类：合规部门对其他部门及员工的合规情况进行考核和企业对合规部门的履职情况进行考核。

---

〔1〕 参见刘相文等：《中国企业全面合规体系建设实务指南》，中国人民大学出版社2019年版。

(一)合规部门对员工的考核

合规部门对员工的考核,主要通过将合规考核的内容嵌入公司的其他规章制度中,明确规定合规考核的内容、违规行为的处理后果,合规部门据此对其他员工的日常合规表现进行考核。通过考核可以起到合规的监督效果。

案例>>>

某公司涉嫌走私废物罪合规整改案

公司制定了合规文化宣传培训制度,并将合规文化考评结果纳入工作绩效考核中。每半年一次通过笔试答题方式进行合规文化考评,考察员工对公司合规制度、业务相关法律知识的熟悉掌握度,如合规考核成绩不合格,则相应的绩效奖金为0;员工多次拒绝参加公司合规培训,或者多次合规考核不合格者,公司将根据《员工手册》的规定,予以相应的处分或处罚。公司制定的《员工手册》中,特别增设合规绩效考核内容,考核结果直接与员工工资奖金等挂钩,明确绩效奖金分为业务绩效和合规绩效,业务绩效由业务部门核定,合规绩效由合规部门核定,如核定不合格,则相应部分的绩效奖金为0。

(二)合规部门履职的考核

为督促合规部门尽责开展合规监督工作,企业对合规部门制定详细的考核制度也是有必要的。对合规部门及合规人员的履职考核规定,往往规定在公司的合规管理办法中,作为合规员履职考核的具体流程和细则。

案例>>>

某某某有限公司涉嫌走私普通货物罪案

企业制定的《某某某有限公司合规管理办法》专门规定了合规管理机构的考核问题,包括对合规员、合规部、合规部经理、合规管理委员会的考核。

其中,合规员(专职合规员和兼职合规员)的工作考核,由合规部负责;合规部及合规部经理的工作考核,由合规管理委员会负责;合规管理委员会的工作考核,由董事会负责。考核指标包括合规文化建设、合规工作成果、合规知识及能力水平、合规内部调查工作成果等,根据考核结果确定员工的绩效工资及年终奖。

四、违规通报

企业可以设置违规事件的通报制度,在企业落实刑事风险防范体系过程中,查处违法犯罪行为,企业在作出内部处理或者移送公安机关追究刑事责任的决定后,适时向全企业及供应商、经销商等相关人员进行通报,作为违法违规的典型案例,警示所有相关人员,不要重蹈覆辙,遵守企业的合规要求。违规通报制度可以有效遏制企业员工、供应商、经销商等发生与企业有关的犯罪行为,起到良好的监督作用。

五、"黑名单"制度

对于供应商、经销商或者其他相关合作方,与企业员工内外勾结,损害公司利益的犯罪行为,涉案企业除了采取法律措施,处理内部员工,要求公安机关追究供应商、经销商或者其他合作方刑事责任外,还可以根据实际情况,制定"黑名单"制度,将犯罪的个人或单位列入"黑名单",甚至"永不合作实体名单"。此举可以有力震慑损害公司利益的潜在违法犯罪行为,警示相关人员不要与公司员工内外勾结,不得损害公司的利益。

以腾讯集团为例,其设立了反舞弊调查部,履行对腾讯员工及供应商等相关人员涉嫌违法、违规或不正当行为的调查职责。腾讯集团设置了"阳光腾讯"微信公众号。该公众号每年度发布一次"腾讯集团反舞弊通报"。对每年因为舞弊行为被调查的员工情况、被辞退情况、移送公安机关处理的情况进行通报,并将其中的典型案例在全集团进行通报。腾讯集团在"阳光腾讯"公众号还设置了举报通道。对于存在不廉洁行为的相关合作企业,腾讯集团每年公布“永不合作主体清单”。[1]

第十节
建立持续优化机制

再完善的刑事风险防范体系在运行过程中都会发现新问题，需要不断完善。而且，刑事风险防范体系与企业实际经营情况的适配性是动态的，企业需要根据业务模式、经营规模、业务范围等实际经营情况的变化，持续对法人治理结构、合规管理机构、合规管理制度、合规业务流程等进行优化，让刑事风险防范体系始终适应企业的实际发展情况，发挥长期有效的监督作用。例如，若企业主营业务发生变化，则其高发刑事风险点必然随之发生变化，原来的刑事风险防范体系需要通过调整，以应对新的刑事风险。又如，若企业规模由小逐渐发展壮大，或者变成上市企业，则其面临的刑事风险变得更加复杂多样，刑事风险防范体系也必须通过调整予以适配。这就需要有对刑事风险防范体系的持续优化机制。持续优化机制包括外聘合规顾问的持续督导、延伸合规监管领域、持续优化合规管理机构和合规人员、持续开展刑事风险防范培训等。

（一）合规顾问持续督导

在企业刑事风险防范整改过程中，公司外聘的合规顾问律师协助企业进行整改，监督企业各部门落实整改措施，形成完善的刑事风险防范体系。企业在整改结束后，可以聘任合规顾问律师继续担任合规顾问，接受合规顾问律师的长期督导。一方面，由合规顾问律师负责提供与公司经营相关的法律咨询和法律建议，对公司生产、经营、管理方面重大决策的合法性、可行性、风险预测等方面提供法律依据和意见；在企业日常经营中协助企业识别、发现公司的合规风险，为合规部门的合规管理工作提供相应的法律建议。另一方面，通过合规顾问律师来持续审查和检验企业合规经营情况，督促企业真实运行合规体系，并根据合规顾问律师反馈的信息，及时修改各项

[1] 《腾讯集团反舞弊通报》，载微信公众号“阳光腾讯”2023 年 1 月 16 日。

合规制度，保证刑事风险防范体系能够实现长期有效的督导作用。

（二）延伸合规监管领域

企业在整改后，往往需要逐步扩大合规范围，继续延伸风险防范整改的领域，逐渐将企业的其他刑事风险纳入刑事风险防范体系中，争取让刑事风险防范体系能最大限度地防范企业的各种刑事风险。

（三）优化合规管理机构

企业需要根据实际经营情况变化，对合规管理机构进行持续优化，主要包括两个方面：其一，根据企业日后经营情况，对合规机构和人员予以适度调整。在合规领域逐渐扩大时，对合规人员数量予以适当增加，以适应企业实际需要；在企业分支机构发展壮大时，则有必要在分支机构也设置区域性合规管理机构，负责协助公司合规管理机构对分支机构的合规监管。例如，美国陶氏化学公司设立了集团层面的集团职业道德与合规办公室，在经营地设置地区职业道德与合规办公室，负责协助报告、调查和处理本地区合规问题。[1] 其二，通过各种激励和惩戒措施，督促合规人员学习业务，让合规人员的业务水平、履职能力不断提升；必要时通过遴选，聘任业务能力更强的人员在合规管理机构任职，保证合规管理机构的履职能力。

（四）持续进行合规培训

整改后持续进行合规培训，既是企业持续建设合规文化的需要，也是根据司法政策变化、企业刑事风险变化向企业员工进行刑事风险警示教育的需要，还是企业持续优化刑事风险防范体系的需要。企业刑事风险防范体系的调整和完善，需要合规顾问律师的培训、协助、辅导；刑事风险防范体系调整和完善后，企业也需要组织合规顾问律师或者合规管理机构对企业其他员工进行合规培训宣讲，让合规要求的变化融入员工的日常工作中。

综上所述，企业持续优化合规机制，需要体现在合规管理制度、合规手册、员工手册等各项规章制度中，让企业合规不是停留在合规报告或者口头宣传中。如在合规管理制度中规定合规员考核、任免、遴选制度，规定合规

---

〔1〕 参见刘相文等：《中国企业全面合规体系建设实务指南》，中国人民大学出版社2019年版。

管理机构负有收集各项合规制度在执行过程遇到的新问题,定期形成合规报告的义务,同时规定合规管理委员会可以提出完善合规体系的建议和意见,最终形成企业层面的决议,对相关合规体系的内容进行调整和完善。

以某公司涉嫌走私普通货物罪案为例:

企业因报关进口业务涉嫌走私而进行合规整改,在合规顾问律师的协助下,顺利完成整改,第三方组织考察评估整改合格。然而,由于经济环境和国家进出口贸易政策的变化,企业的传统报关进口业务量大规模下滑。于是,企业大规模开展市场采购贸易方式的出口业务,[1]赚取包括各地政府出口贸易补贴在内的收益。此时,企业原先主要为报关进口刑事风险设置的刑事风险防范体系必须作出大的调整,才能适应新形势下企业刑事风险防范的需要。

总体而言,大致有下列四个方面的优化措施。

第一,合规顾问律师持续督导。企业需要委托合规顾问律师协助研究分析企业开展市场采购贸易方式出口业务存在的刑事风险点,如骗取国家补贴的诈骗犯罪风险等。

第二,延伸刑事风险防范监管领域。新业务意味着新的刑事法律风险,企业需要将市场采购贸易方式出口这项新业务纳入刑事风险防范体系监管中,针对性地设置市场采购贸易业务的合规审查流程,设置专职合规员审批环节,充分对新业务进行合规监管。

第三,优化合规机构和人员。合规管理机构加强对市场采购业务的合规审查的前提,是提升对该项业务的合规审查能力。为此,合规顾问律师需要协助合规人员学习相关法律知识,了解市场采购贸易方式及各地政府的补贴政策,增强他们对市场采购贸易方式的合规审查监督履职能力。

---

[1] 市场采购贸易是一种为专业市场量身定制的新兴贸易方式,2014 年 11 月在浙江义乌落地。《关于修订市场采购贸易监管办法及其监管方式有关事宜的公告》(海关总署公告 2019 年第 221 号)第 1 条第 1 款规定,市场采购贸易方式,是指在经认定的市场集聚区采购商品,由符合条件的经营者办理出口通关手续的贸易方式。第 9 条规定,市场采购海关监管方式代码为"1039",全(简)称"市场采购"。

第四，持续的合规培训。企业需要在合规顾问律师的协助下，对市场采购业务人员进行相应的刑事风险防范培训，让他们了解市场采购贸易方式的刑事风险和市场采购贸易业务的合规审查流程，明确展业过程中的禁止行为，并要求其遵守合规经营的准则等。

通过上述持续优化措施，刑事风险防范体系才能适应企业实际经营情况，尤其是应对企业开展新业务过程中的刑事风险，避免企业实际业务脱离刑事风险防范体系的有效监管，形成刑事风险防范的漏洞及重大隐患。

第四章
CHAPTER 04

刑事风险防范体系有效性的评判

完善有效的刑事风险防范体系不仅可以帮助企业识别和防范刑事风险,降低因为个别员工的犯罪行为而让企业承担相应法律责任的风险,还可以为企业、实际控制人、高级管理人员在面临刑事风险时提供抗辩空间和抗辩证据材料。例如,涉嫌违反《反不正当竞争法》的企业,在其高级管理人员或者员工实施商业贿赂行为时,可以将企业是否建立有效合规体系,作为确定该贿赂行为是否为企业行为,企业是否需要承担责任的依据。[1]

如何评判刑事风险防范体系的有效性?我们认为,可以从五个角度进行评价:刑事风险防范体系要素齐全;企业合规要素相互协调配合;量身定制刑事风险防范体系;刑事风险防范体系真实运行;刑事风险防范体系运行留痕。如此才能完成证明刑事风险防范体系有效性的举证责任。

第一节
刑事风险防范体系要素齐全

企业风险防范管理体系有效性的重点评估内容[2]是:对合规风险的有效识别、控制;对违规违法行为的及时处置;合规管理机构或者管理人员的合理配置;合规管理制度机制建立以及人力、物力的充分保障;监测、举报、

[1] 参见陈瑞华:《企业合规基本理论》(第2版),法律出版社2021年版。

[2] 此处参考了《涉案企业合规建设评估和审查办法(试行)》第14条的规定。

调查、处理机制及合规绩效评价机制的正常运行；持续整改机制和合规文化已经基本形成。陈瑞华教授提出，有效合规计划的基本要素包括：高级管理层的承诺和阐述、合规政策和程序、合规人员和资源、合规风险评估、合规培训和认证、激励和惩戒措施、第三方尽职调查、合规报告和内部调查、持续改进、并购前的尽职调查和并购后的整合等。[1] 李玉华教授提出，有效合规的三个基本标准包括预防机制、识别机制和应对机制，有效合规的要素具体包括合规制度、合规管理机构、合规培训、合规文化、合规风险识别、合规风险评估、合规风险处置、合规审计、合规举报、内部调查、合规问题与惩戒、持续改进等十二项内容。[2] 根据中国中小企业协会制定的《中小企业合规管理体系有效性评价》（T/CASMES 19—2022），中小企业合规管理体系有效性评价要素包括：合规管理机构设置和职责配置、合规风险识别、合规风险应对和持续改进（包括：合规风险应对、日常检测、举报机制、报告机制、持续改进）以及合规文化建设四个部分。美国《联邦组织体量刑指南》提出，有效企业合规的七个具体标准包括："A. 企业应建立合规政策和标准；B. 企业应制定高层人员监督企业的合规政策与标准；C. 企业不得聘用在尽职调查期间了解到具有犯罪前科记录的高管；D. 向所有员工有效普及企业的合规政策和标准，如进行培训；E. 采取合理措施，以实现企业标准下的合规，如利用监测、审计系统来监测员工的犯罪行为，建立违规举报制度，让员工举报可能的违规行为；F. 通过适当的惩戒机制，严格贯彻执行合规标准；G. 发现犯罪后，采取必要的合理措施来应对犯罪行为，并预防类似行为发生，如修改完善合规计划。"[3]

上述体系有效性的评价要素具有一定的说服力。但是，上述关于体系有效性的评价标准，只是在刑事风险防范体系要素齐全意义上的评价标准，如本书提出的刑事风险防范体系八个要素：完善法人治理结构、建立合规管理机构、制定合规管理制度、搭建合规业务流程、建设合规文化、开展合

[1] 参见陈瑞华：《企业合规基本理论》（第2版），法律出版社2021年版。

[2] 参见李玉华：《有效刑事合规的基本标准》，载谢鹏程主编：《合规不起诉研究》，中国检察出版社2021年版。

[3] 韩轶：《企业刑事合规的风险防控与建构路径》，载《法学杂志》2019年第9期。

规培训、进行合规监督和考核、建立持续优化机制。要素齐全是刑事风险防范体系有效性的基本要求,也是刑事风险防范体系纸面上、制度上、理论上有效的基本要求。刑事风险防范体系有效性评价,首要的是这些基础的风险防范体系要素应当齐全,即企业应当对风险防范体系的要素进行相应整改落实或在原有基础上进行完善,否则刑事风险防范体系的有效性难以体现。

对企业整改而言,建立的刑事风险防范体系具备齐全的要素,是关键的一步。企业没有对治理结构作出实质性的改变,对于存在重大隐患的决策、经营、人事、财务、薪酬管理方式没有作出调整,没有建立最起码的合规组织管理机构,没有确立针对经营活动的合规审查机制,没有发布专项合规政策和员工手册,没有将合规管理渗透到管理过程之中,或者无法建立针对合规风险的监控体系等,这些缺乏刑事风险防范体系基本要素的合规整改,是无效的。[1]

以某公司涉嫌非法占用农用地罪案为例:

涉案企业是政府招商引资的民营企业,吕某系该公司法定代表人。吕某以涉案企业名义向区国土资源局申请获得临时用地许可。土地使用期限到期后,涉案企业在未办理展期手续的情况下实际继续使用,并且未经土地管理部门批准,擅自占用并建设加工厂房及其他配套设施,建成违建物总面积16,832平方米,导致农田被重度破坏,失去了种植条件。2020年8月6日,公安机关以涉案企业及吕某涉嫌非法占用农用地罪,将该案移送检察机关审查起诉。在该企业整改过程中,经近两个月的合规考察,第三方组织出具了考察报告,认为:虽然经过法律政策讲解,涉案企业认识到其占用农地行为不符合《土地管理法》的规定,但其仍然认为自身受当地镇政府邀请投资建设没有过错,现场整改不主动;多名股东对吕某的整改处理意见提出异议,但并未得到尊重,吕某的个人意见最终仍代表公司意见,《企业合规计划》中规定的完善内部决策程序、法务审核程序以及加强与政府相关监管部

〔1〕 参见陈瑞华:《〈企业合规建设〉专题报道之一:什么是无效的合规整改》,载《民主与法制》2022年第3期。

门的协调配合等整改措施落实不到位，其申请适用企业合规程序的主要目的，是通过相关单位的协调，帮助其补办土地使用手续，将其非法占地行为合法化。在考察到期时，该企业既未办理用地合法手续，也未拆除违建的厂房，其违法占用农用地的行为一直处于持续状态。因此，综合认定合规考察结果为“不合格”，后检察机关对涉案企业及吕某提起公诉。检察机关认定企业合规整改不合格的重要原因，就是涉案企业没有对治理结构作出任何整改，企业承诺的“完善内部决策程序、法务审核程序”合规整改措施没有得到落实等。〔1〕

该案中，企业既未对刑事风险点形成准确认识，也没有完善法人治理结构，更没有落实相关的合规制度、法务合规审核业务流程等措施，刑事风险防范体系的基本要素不齐全。

以洪某涉嫌假冒注册商标罪案为例：

洪某注册成立卫某公司，利用卫某公司生产并销售假冒某知名品牌口罩。2021 年 2 月 15 日，公安机关将该案移送宿迁市宿城区人民检察院审查起诉。检察院认为，卫某公司虽不涉嫌单位犯罪，但有必要进行合规整改。经卫某公司自愿申请，并征得被侵权企业同意，宿迁市宿城区人民检察院层报江苏省人民检察院后，于 2021 年 8 月 25 日决定对卫某公司进行合规整改。但是，因卫某公司未按照合规计划建立商标规范使用奖惩机制、不当行为举报机制，未开展防范商标侵权类知识培训，第三方组织认定合规考察结果为“不合格”。宿迁市宿城区人民检察院审查后采纳合规考察书面报告的意见，认定卫某公司未通过合规考察。2021 年 10 月 29 日，宿迁市宿城区人民检察院以涉嫌假冒注册商标罪对被告人洪某提起公诉，并提出有期徒刑 1 年 2 个月的量刑建议。〔2〕

〔1〕 参见陈瑞华：《〈企业合规建设〉专题报道之一：什么是无效的合规整改》，载《民主与法制》2022 年第 3 期。

〔2〕 参见刘浏：《合规整改不是“走过场”！涉案企业未通过合规考察负责人被公诉》，载百度网 2022 年 1 月 4 日，https://baijiahao.baidu.com/s?id=1721017825264554145&wfr=spider&for=pc。

在该案中，企业整改不积极，没有建立商标使用规范奖惩机制、不当行为举报机制等刑事风险防范监督与考核制度，也没有进行包括防范商标侵权在内的合规培训等，刑事风险防范体系的基本要素缺乏，合规整改有效性不足。

第二节
企业合规要素相互协调配合

要素齐全只是确保刑事风险防范体系有效的基本要求，仅有体系齐全的要素，只能充分证明纸面上、制度上、理论上的有效性，对刑事风险防范体系有效性评价而言，还远远不够。即便企业建设了要素齐全的刑事风险防范体系，但该体系也可能与企业自身的实际经营情况不符合，同时企业也可能并未真正执行刑事风险防范的各项制度。有效的刑事风险防范体系，还需要八个要素之间能够相互协调配合，组成一个能切实运行的整体，保障刑事风险防范体系能够有效运行。

以某公司涉嫌串通投标罪案为例：

企业重点针对串通投标的刑事风险防范建立了刑事风险防范体系。其中，企业对投标业务进行合规化改造，形成如图 1 所示的投标业务流程。

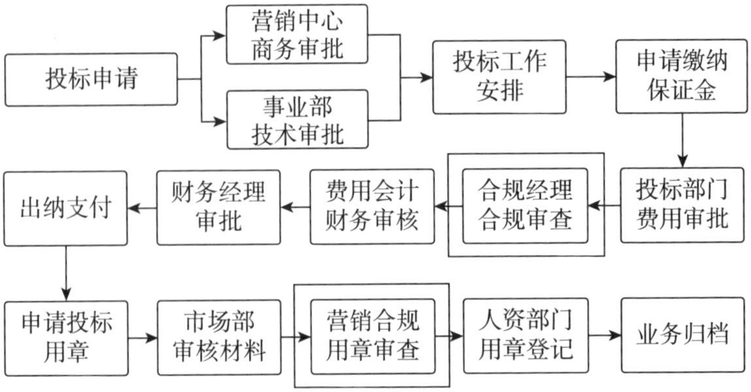

图 1　投标业务流程

该投标业务流程的运作看似简单，实则直接或间接体现了刑事风险防范体系八个要素之间相互影响、相互作用的关系，体现了刑事风险防范体系下各要素的协调配合：

第一，犯罪成因自查及尽职调查。风险防范企业之所以形成了上述投标业务合规审批流程，是因为在合规顾问律师的协助下进行了犯罪成因自查及尽职调查工作。在这一过程中，企业发现其决策过程存在合规监督缺位，投标流程不规范，相互代缴投标保证金、相互代为制作投标文件以及投标文件盖章审查不严等刑事风险点。只有明确具体风险，企业才能对投标业务流程中存在问题的环节进行有针对性的合规改造。

第二，业务流程合规化调整。对投标业务流程进行合规化改造，需要理顺投标业务的工作流程，同时发现其中存在的优化空间。例如，企业在业务流程中增设合规员审批环节，赋予合规员审批权限，确保投标业务未经审查不得进入下一业务环节。这样可以更有效地保证合规审批环节在业务合规监督方面切实发挥作用。

第三，设立配套合规管理机构。为了使企业投标业务流程合规化，必然需要设立配套的合规管理机构。建立起完整的从合规员到合规部门负责人、从合规部到合规管理委员会的合规管理机构，能够确保合规员审批环节有专职人员及部门具体落实。

第四，配合调整企业组织架构。即结合合规管理机构工作需求，对企业组织架构作出调整，改组董事会，下设合规管理委员会。合规员发现问题后通过合规部门直接向合规管理委员会汇报，必要情况下，直接向日常经营的最高决策机构——董事会汇报，让合规管理机构具备足够的权威性，从而有效发挥合规监督作用。

第五，建立配套合规管理制度。为了让合规员权责落地，就需要制定出一套包含合规管理办法、合规部门工作细则、合规部门保障制度、招投标领域刑事风险管理办法在内的规章制度，让合规审查工作有章可依、有据可循。

第六，建立配套监督考核制度。即将违规人员调查处理情况、合规员及合规管理机构履职情况作为对员工合规工作监督及考核的重要依据，并建立起相应的合规手册、员工手册等具体的规章制度。需要注意的是,由于这些规章制度将直接影响员工权益,因此,企业需要根据《劳动合同法》、公司章程等规定依照法定程序进行制定,并在公示后生效,从而避免合规手册、员工手册的制定和使用不合规。

第七,企业人员定期培训。企业合规不仅是合规员的工作内容,也与业务员在日常工作中的具体操作息息相关。因此,企业应当对各部门定期开展专项培训,提高员工整体的合规审查能力及刑事风险的应对能力。具体包括:对合规员进行培训,明确投标业务中刑事风险的审查方法;对业务流程内各环节的审批人员进行培训,明确企业合规的业务审批流程、审批内容和审批要点以及各自的职责和权限;对业务员进行培训,明确企业投标业务中罪与非罪的界限、企业禁止串通投标的合规要求以及违规行为可能产生的后果。

第八,合规体系定期优化。为了让合规业务流程能够适应企业的实际经营情况变化,企业还需要在合规顾问律师的协助下定期对合规体系进行优化。例如,发现合规业务流程无法规制的新的犯罪手法,或者业务部门发生变动调整等时,基于新的变化,业务的合规流程也需要进行相应的变动。又如,公司在发展其他新业务时可能产生新的刑事风险,合规体系则需要延伸拓展到新的业务,将新业务纳入业务流程之中,及早规避刑事风险。

综上所述,看似简单的投标业务合规审批流程,其实际运作落地,离不开合规体系八个要素的相互配合,刑事风险防范体系就是这八个要素综合发挥作用所形成的企业刑事风险防范的管理体系。

第三节

量身定制刑事风险防范体系

有效的刑事风险防范体系应该是针对企业高发刑事风险点,结合经营规模、业务范围、行业特点等因素,为企业量身定制的刑事风险防范体系。企业动辄进行全方位的合规风险评估,建立大而全、过于理想、宏观和空洞的合规计划，不具有可行性，其所作的合规承诺往往难以实现。即便企业建立大而全的刑事风险防范体系，但若该体系针对性不足，则刑事风险防范体系的有效性也会受到质疑。例如，某公司实施了虚开发票犯罪的主要原因是公司董事会形同虚设，对财务管理失去监督作用，总经理放任财务总监实施虚开发票行为，纵容其偷逃国家税款，企业合规计划并没有针对这一管理缺陷提出有针对性的整改方案。[1] 这就属于针对性不足的情形，根据该合规计划建立的刑事风险防范体系，难以有效防范企业刑事风险。

以严某某、王某某、某土地房地产评估咨询有限公司涉嫌提供虚假证明文件罪案为例，涉案企业所处行业特殊，企业进行整改需要契合其实际。企业首先对自身进行刑事风险自查，形成自查报告。其次结合案件办理中暴露出的问题确定合规计划，围绕13个风险点进行整改，包括设立合规部门、修订员工手册、制定《评估业务合规管理制度》、委托研发线上审批的OA系统、组织开展业务技术规范培训和合规管理制度培训等一系列合规整改措施，建立的刑事风险防范体系主要针对评估业务领域的风险防范。[2] 该案中，涉案企业围绕评估业务的风险点进行合规整改，制定评估业务合规管理制度等整改措施，针对性比较强。

以雀巢(中国)有限公司员工侵犯公民个人信息案为例：

2011年至2013年9月，郑某、杨某分别担任雀巢(中国)有限公司(以下简称雀巢公司)西北区婴儿营养部市务经理、兰州分公司婴儿营养部甘肃区域经理，任职期间，为了抢占市场份额，推销雀巢奶粉，授意该公司兰州分公司婴儿营养部员工杨某甲、李某某、杜某某、孙某通过拉关系、支付好处费等方式，多次从多家医院医务人员手中非法获取公民个人信息，每人获取的个人信息数量均达到几万条。郑某、杨某等人被指控涉嫌侵犯公民个人信息罪。归案之后，郑某、杨某等人对指控的事实和罪名没有异议，但提出这是单位犯罪，而不是自然人个人犯罪。

---

[1] 参见陈瑞华：《合规监管人的角色定位——以有效刑事合规整改为视角的分析》，载《比较法研究》2022年第3期。

[2] 江苏F公司、严某某、王某某提供虚假证明文件案，最高人民检察院第三批涉案企业合规典型案例(第三批，2022年)。

雀巢公司因为这几个销售人员的行为而面临单位犯罪的刑事风险。为了证明公司严禁这种违法犯罪行为，公司不构成单位犯罪，不需要承担刑事责任，雀巢公司向法院提交了几份证据，并提出如下抗辩观点：

(1)雀巢公司指示(复印于雀巢公司员工培训教材)、雀巢公司情况说明，证实雀巢公司不允许员工以推销0~12月龄健康婴儿使用的婴儿配方奶粉为目的，直接或间接地与孕妇、哺乳妈妈或公众接触。不允许员工未经正当程序及公司批准而主动收集公民个人信息。

(2)雀巢公司DR的概念、目标任务、与DR相关的信息获取方式等情况，证明DR任务目标不是收集消费者个人信息，DR工作完成的实际效果由中国健康促进与教育协会承办的营养咨询中心(NCC)通过电访来了解和评估。为完成电访调研，需要用到消费者自愿提供的部分个人信息(如姓名和电话)，雀巢公司不允许为此给予医务人员任何资金或者其他利益。雀巢公司从不允许员工以非法方式收集消费者个人信息，并且从不为此向员工、医务人员提供资金。

(3)雀巢公司在雀巢指示以及关于与卫生保健系统关系的图文指引等文件中明确规定："对医务专业人员不得进行金钱、物质引诱。"对于这些规定要求，雀巢公司要求所有营养专员接受培训并签署承诺函，由此可以证明公司对涉案违法犯罪行为持禁止态度。

(4)医务渠道WHO在线测试成绩、测试卷、关于在高风险国家与医务专业人员和医疗保健机构交往的指示、员工奖金表，证实被告人郑某、杨某、李某某、杜某某、杨某某、孙某均参加过雀巢公司不允许营养专员向医务人员支付费用获取公民信息的培训、测试。

(5)雀巢公司的政策与指示、雀巢规章、关于与卫生保健系统关系的图文指引，证实雀巢公司遵守世界卫生组织《国际母乳代用品销售守则》及卫生部门的规定，禁止员工向母亲发放婴儿配方奶粉免费样品、禁止向医务专业人员提供金钱或物质的奖励，以引诱其推销婴儿配方奶粉等。

一审法院经审理认为，雀巢公司DR任务材料、雀巢公司证明、雀巢公司政策、员工行为规范等，证明雀巢公司不允许员工向医务人员给予任何资金或者其他利益。不允许员工以非法方式收集消费者个人信息。对于这些规定要求,雀巢公司要求所有营养专员接受培训并签署承诺函。被告人郑某等在明知法律法规以及公司禁止性规定的情况下,为完成工作业绩而置法律规范、公司规范于不顾,违规操作进而贿买医务人员,获取公民个人信息,其行为并非雀巢公司的单位意志体现,故本案不属于单位犯罪。[1]

二审法院经审理认为,单位犯罪是单位为谋取非法利益,在客观上实施了由本单位集体决定或者由负责人决定的行为。雀巢公司政策、员工行为规范等证据证实,雀巢公司禁止员工从事侵犯公民个人信息的违法犯罪行为,该案中各上诉人违反公司管理规定,为提升个人业绩而实施的犯罪行为为个人行为。[2]

该案中,雀巢公司已经形成完善的刑事风险防范体系,该风险防范体系明显是为防范企业侵犯公民个人信息犯罪和贿赂风险而量身定制的,直接针对"不允许营养专员向医务人员支付费用获取公民信息"规定了一系列的合规措施。雀巢公司指示、关于与卫生保健系统关系的图文指引、在线测试成绩、测试卷、关于在高风险国家与医务专业人员和医疗保健机构交往的指示、雀巢规章等都直接规定"对医务专业人员不得进行金钱、物质引诱""不允许员工未经正当程序并经公司批准而主动收集公民个人信息""不允许营养专员向医务人员支付费用获取公民信息"等内容,非常全面地防范了企业非法获取公民个人信息及相关贿赂犯罪风险,将企业行为与员工个人行为进行切割。

第四节
刑事风险防范体系真实运行

公司建立纸面上的刑事风险防范体系是比较容易的,难的是如何确保其真实运行。如公司默许、纵容、鼓励甚至教唆员工违法犯罪,对违反刑事

〔1〕杨某、杨某甲、郑某等出售、非法提供公民个人信息案,甘肃省兰州市城关区人民法院刑事判决书,(2016)甘0102刑初605号。

〔2〕杨某、杨某甲、郑某等出售、非法提供公民个人信息案,甘肃省兰州市中级人民法院刑事裁定书,(2017)甘01刑终89号。

风险防范体系的行为给予容忍，则表明公司的刑事风险防范体系可能形同虚设，并未得到有效运行。有效合规的重要原则是言行合一，真实合规，不能将刑事风险防范体系停留在纸面上，而应该融入企业日常经营活动中。

一、风险防范体系未落实，合规无效

企业虽然形成了完善的刑事风险防范体系，但该体系形同虚设，则注定是无效的。司法实践中，很多受主管部门严格监管的行业及企业，都有非常完善的合规制度体系，如银行业、保险业、上市公司等，这些行业及企业在制度层面往往比较规范，但它们的刑事风险也不小，而且由于体量大，一旦发生刑事风险就可能成为重大金融事件，如河南村镇银行案（新财富集团非法集资案）、包商银行破产案、海南发展银行破产案、康美药业重整案等。

以包商银行破产案为例：

从风险防范体系层面看，包商银行建立起了完善的合规体系，组织架构清晰、分工合理、职责明确，合规管理决策、执行、监督相互制约，各项规章制度规范完善；而且，包商银行董事会下设风险管理委员会、关联交易控制委员会、审计委员会等8个专业委员会，用于审查交易合规性，防范交易风险。但在实际经营管理过程中，包商银行大股东在银行经营管理方面进行了深度的干预和控制，正常决策程序被虚化，没有充分发挥股东大会科学决策、民主决策的作用。内部控制人控制董事会，董事会未对公司经营管理提出有效的看法，董事会、监事会形同虚设，不能正常运作。最终，在大股东控股包商银行期间，大股东通过虚构业务、不正当关联交易、资金担保及资金占用等手段，将包商银行变为其不受限制的"提款机"，以应收款投资、对公贷款、违规发放理财产品等形式，采取不合理的展期、重组等方式掩盖风险，造成资金损失高达1560亿元。2021年2月，北京市第一中级人民法院裁定包商银行破产。包商银行成为继海南发展银行、河北肃宁尚村农信社之后，第三家申请破产的银行。[1]

二、刑事风险防范体系的挑战是言词证据

结合刑事诉讼的司法实践,企业无论是被动整改还是主动预防,是否言行合一、是否真实合规,决定了刑事风险防范体系能否发挥作用,能否为企业及其实际控制人的刑事风险防范提供充分的抗辩空间和抗辩证据材料。"企业即使精心设计了书面的合规计划,假如各级管理层为达成业务目标,明示或者暗示员工从事不法行为,那么这种合规计划将是无效的。"[2]刑事犯罪发生后,涉案人员的口供、涉案企业其他员工的证词,往往成为认定犯罪事实非常重要的证据,成为刑事风险防范体系能否真实运行的最大挑战,可能直接产生否定刑事风险防范体系运行情况的效果。

尽管企业已经对风险防范体系、合规管理机构、合规制度、合规流程、合规文化、合规培训、合规监督等各个环节都进行了完整的合规整改,但这仅做到了制度层面的预防。我们不能指望制度层面的预防能够消除刑事风险,帮助公司及其实际控制人度过刑事危机,因为刑事犯罪的调查是穿透文件看本质行为的。一旦发生刑事危机,司法机关就会直接对涉案人员及相关证人进行讯问或者询问。具体来说,就是将直接实施犯罪行为的人员都抓获归案进行审讯,对公司其他相关员工都进行调查询问,由他们来讲述企业的实际运转情况,从他们的口供、证词中了解最真实的企业运营情况,因为言词证据往往比书证更有证明力,在刑事案件中产生的作用往往更大。如果涉案人员及相关证人的口供、证词证实企业及其实际控制人、员工的实际经营行为与公司的刑事风险防范体系不符,甚至直接证明企业刑事风险防范体系根本就是形同虚设的,那么,企业所有为防范刑事风险所作的努力、所制定的刑事风险防范体系,都将面临极大的挑战。刑事风险防范体系

[1] 参见张彦婕:《中小银行合规管理研究——基于包商银行案例分析》,载《中国市场》2022年第30期。

[2] 陈瑞华:《合规整改中的高层承诺原则》,载《法律科学(西北政法大学学报)》2023年第3期。

是否真实运行,需要经受各方的检验,且需要企业承担举证责任。一旦不利的言词证据被采纳,企业刑事风险防范体系就会被认定为掩饰、隐瞒犯罪的手段,从而难以发挥为企业防范刑事风险的作用。

以黄某涉嫌组织、领导传销活动罪案为例:

该案起诉意见书、起诉书认为黄某构成组织、领导传销活动罪的重要原因之一,是黄某所经营的××网络商城违背了网络交易平台的本质特征,允许进行大量非正常的线下交易,并且预先设定商家与消费者均获得积分返还的规则,使大量会员注册多个ID,进行自买自卖、空买空卖的虚假交易,通过支付交易金额16%的共享金套取116%的相应积分。其中,同案人黄某、江某、林某等人直接实施虚假交易。黄某等多名同案人则始终辩解认为,公司对虚假交易是明令禁止的,一旦发现就马上禁止,公司已经尽到了合规监管义务,虚假交易是会员的行为,需要由会员自行承担法律责任,不能因为会员利用公司的平台规则漏洞实施了虚假交易行为,就认定公司通过鼓励虚假交易的方式实施犯罪行为。

案发后,司法机关直接将众多涉案人员抓获归案进行讯问,对众多证人及传销参与人进行调查询问,根据言词证据调查涉案企业的真实运营情况,即涉案企业所谓禁止虚假交易的各项规章制度及合规要求是否真实运行落地。

作为涉案企业实际控制人,黄某的主要辩解如下:

问:××公司平台系统是否存在虚假交易的现象?

答:××公司平台系统可能存在虚假交易现象,公司一旦发现就禁止。公司在2017年就曾多次发文禁止虚假交易,并对公司各个部门加强思想教育,防范虚假交易。虽然难以逐一甄别确保杜绝虚假交易,但我们已经尽到了合规监管义务,一旦发现就给予处理,甚至冻结、封存账号。我们不允许虚假交易,如果有人投机取巧进行虚假交易,那么他要为自己的行为负责。

问:你们公司具体发布了哪些公告?

答:《关于严厉打击虚假交易和虚假宣传的公告》《关于严禁利用库存积分进行虚假交易的公告》《关于禁止私下进行积分交易的公告》等,公司制定了很多的合规制度。

问:你们公司对会员的虚假交易如何监管?

答:具体由公关部、技术部进行管理。公关部首先冻结会员ID号,然后通知技术部和财务部协助其进行调查,查实后,把该会员ID号里的所有积分扣出来,给他下面的所有会员,如果积分不足,就让他的下层会员到公安机关报案处理。

然而,公司众多员工以及众多会员的证词,则证明了相反的事实。主要证言内容如下:

问:××公司平台系统是否禁止虚假交易?

答:是,公司曾发过文件禁止虚假交易。公司的合规文件明确规定,会员之间第一次虚假消费或者销售交易被发现后,平台会撤回积分;第二次被发现后,平台会将商品下架,并在全平台进行通报;第三次被发现后,平台会冻结账号。

问:××公司平台系统有无实际执行禁止虚假交易的合规政策?

答:我们加入的微信群,群主有在发禁止虚假交易的字眼,群发短信或公告里经常提到"杜绝虚假交易"。但其实只是口头说说,实际并没有真正制止,而是暗中放任这种现象。而且,平台设计中可以这样操作,对这种虚假交易根本无法监管。

问:会员虚假交易的情况是否普遍,公司对此持何种态度?

答:会员虚假交易的情况比较普遍,公司的职员也这样做。执行总裁姜某在公司的例会上说过,如果我们公司职员在外面有什么消费,可以找个第三方来挂,转换成在会员商家的消费,这样就可以获得消费积分。

问:你为什么要离开公司?

答:因为按照公司的宣传口径和合规制度,公司是明令禁止虚假交易的。但我发现市场运营中心下属的五大片区讲师在讲课时为了完成业绩,会鼓励会员和代理通过虚假交易购买积分、发展会员和代理,从而获得提成和奖励;公司有很多同事在商城上操作过虚假交易。我认为这样涉嫌违法,就辞职了。

最终,裁判认为,同案人许某等人均供认其参与虚假交易;担任公司运营副总裁的同案人毛某等人供述,平台上大部分的交易都是虚假交易,黄某表面上禁止虚假交易,实质上鼓励虚假交易。另根据本案司法鉴定意见书及涉案多名任职于技术部、市场运营中心、平台技术公司的同案人供述等证据,可认定××公司平台系统中大量存在自买自卖、空买空卖的虚假交易,××公司在掌控会员缴纳的巨额资金情况下,缺乏内部严格管理和外部有效监督,资金的安全性得不到任何有效保障。因此,××公司的经营模式不但已经严重扰乱经济社会秩序,而且在非法聚敛巨额财产后管理混乱,处于高风险状态,具有极大的社会危害性。

在该案中,虽然黄某等人在经营企业过程中,为公司的合规运营制定了不少的规章制度,并通过文件、各种公告、会议记录等各种方式,向公司员工及会员三令五申公司对于虚假交易的禁止态度,还制定了查处虚假交易的流程及具体惩处措施,制度层面无疑已经基本实现了预防刑事风险。但是,这些公告、会议记录等合规制度文件并不能为涉案企业、黄某及其他高级管理人员的刑事风险产生隔离作用,原因在于:办案机关审讯同案人时,发现涉案企业只是宣传口径上禁止虚假交易,但实际上公司的运作模式、商城系统设计上允许会员进行虚假交易,公司客观上无法禁止虚假交易;公司主观上还默许、鼓励进行大量虚假交易,公司员工直接实施虚假交易。因此,公司的风险防范制度文件被架空,风险防范体系并没有落实,是无效的。

我们在企业刑事风险防范中,都会向公司实际控制人及管理层灌输言行合一、真实合规的理念。公司进行主动刑事风险防范是为了帮助企业防范后续发生的刑事风险,为公司及其实际控制人、高级管理人员在面临刑事风险时,提供充分的抗辩空间和证据材料,帮助公司及其实际控制人、高级管理人员作出有效应对。公司从实际控制人到全体员工都要形成真实合规的理念,千万不要说一套做一套,将刑事风险防范当作掩饰犯罪的工具,否则,刑事风险防范体系难以应对言词证据的挑战。

以我们办理过的某科技公司主动刑事风险防范案为例,在我们的督导下,该公司针对其面临的主要刑事风险,进行一系列整改,建立专门的刑事风险防范体系,在制度层面构建了公司隔离刑事风险的三条防线,可以说在制度层面已经实现了风险防范,可以为公司、实际控制人、高级管理人员可能的刑事风险提供充分的抗辩空间和证据材料。紧接着,我们就为该公司实际控制人及高级管理人员灌输真实合规的理念,强调真实合规直接关系刑事风险防范体系能否充分发挥抗辩作用。

其中一名公司高级管理人员提出,他作为公司涉案软件的研发人员,非常清楚该软件可能被用户滥用的风险点,以及用户利用该软件进行犯罪的主要手法。公司的收入分为两部分:(1)公司从用户之间付费聊天交友所支付的费用中收取的分成;(2)公司从用户之间交友过程中的打赏中收取的分成。用户可能利用软件实施诈骗犯罪,女用户谎称平台需要付费打赏才能显示女性好友的电话、微信等个人信息,以付费才能进一步交友等理由向其他用户索要资金;或者以婚恋的名义骗取对方的打赏资金;甚至男用户伪装成女用户实施各种诈骗等。公司非常担心用户的诈骗刑事风险波及公司。为此,公司准备采取两项防范措施:(1)对于每日充值或收入流水超过1万元的用户,公司后台技术人员会对用户的聊天记录进行检查监督,如果发现涉嫌诈骗的风险,就会对涉诈方发出警告或者暂停其一段时间的用户使用权限;对可能被诈骗一方,发出“交友需谨防诈骗”的系统提示信息。公司采取这项措施,是担心用户遭受大额诈骗,进而报案,导致用户和公司遭受刑事风险。(2)对于用户举报投诉遭受诈骗的行为,公司首先通过安抚解决,若安抚无法解决,则采取退还部分或者全部电子金币的措施来解决,但金币不能提现,只能用于平台打赏等。如此,既能避免用户之间串通,通过虚假涉诈投诉方式骗取公司的资金,也能最大限度地平息事态,避免事态扩大,对公司造成不良影响。

虽然从公司运营的角度看,上述举动似乎在努力地保护被诈骗的被害人,但此举与公司的刑事风险防范是相背离的,可能会直接导致公司所制定的全套刑事风险防范体系被轻易突破,无法起到为公司及其实际控制人、高级管理人员保驾护航的作用。在刑事风险防范体系建设中,公司已经使用各种方式,禁止用户之间任何形式的欺诈行为,且赋予公司对用户行为合规性进行监督、对涉诈用户进行惩处的权利,还形成了合规负责人的日常巡查记录等合规档案材料。但公司准备采取的进一步监管措施是,如果发现涉诈行为则给予警告,后继续放任用户利用公司提供的网络聊天功能实施诈骗行为;即便平台接收到被害人的投诉举报,也以退钱了事,没有落实进一步的惩戒措施。这就很可能导致公司刑事风险防范体系被认定为形同虚设,公司说一套做一套,并未真正合规。

我们给予该公司实际控制人及高级管理人员要真实合规的建议,公司应准确定位为网络平台服务商的角色,只提供聊天软件网络技术服务,并在职责范围内履行风险监管职责。一方面,公司要对用户的聊天内容进行查看监督,发现涉嫌诈骗后,必须采取严厉的惩处措施,避免其继续利用公司的网络服务实施诈骗。公司查看聊天内容发现涉嫌诈骗,就意味着公司知道会员利用公司软件实施诈骗犯罪行为,若放任该用户继续利用公司提供的网络服务实施诈骗,无疑将给公司及其实际控制人、高级管理人员带来刑事风险。另一方面,公司在接到被害人的投诉举报后,虽然通过退钱等方式可以最大限度地平息事态,但并不能消除刑事风险。平息事态的同时,还需要对涉嫌诈骗的用户采取措施,避免其继续利用公司提供的网络服务实施诈骗。否则,公司明知用户实施诈骗,仍然放任用户利用公司提供的网络服务实施诈骗,还在用户的犯罪行为中获得收益分成,无疑会给公司及其实际控制人、高级管理人员带来刑事风险,其可能涉嫌的罪名包括诈骗犯罪的共犯和帮助信息网络犯罪活动罪[1]等。

第五节
刑事风险防范体系运行留痕

合规留痕,是指将企业合规整改的过程、刑事风险防范体系运行过程,以看得见的方式记录下来,形成企业合规整改的成果以及刑事风险防范体系有效运转的证明材料。从企业刑事风险抗辩有效性角度来看,企业面

---

〔1〕《刑法》第 287 条之二第 1 款规定的帮助信息网络犯罪活动罪,即明知他人利用信息网络实施犯罪,为其犯罪提供互联网接入、服务器托管、网络存储、通讯传输等技术支持,或者提供广告推广、支付结算等帮助,情节严重的行为。

临刑事风险时，需要证明企业没有犯罪的故意和行为，企业禁止员工实施违法犯罪行为，员工确实接受了合规文化培训，知道企业的合规要求，但仍然为了自己的利益，铤而走险，实施犯罪行为，则企业无罪。这些合规留痕的记录，就是企业进行抗辩的证据材料。企业合规整改以及刑事风险防范体系运行的档案材料应当由专人归档保存。合规留痕的内容主要包括以下方面。

一、制度材料

企业刑事风险防范体系的全套资料包括合规文化墙的相关材料、合规文化标语的相关材料、合规管理机构架构资料、合规运作制度、合规手册、员工手册、合规业务流程、各项业务审批制度等证明企业拥有完整的刑事风险防范体系的资料。其中合规手册、员工手册等规章制度需要由每个员工签收，表明他们对企业合规制度的接受，并愿意遵守企业的合规要求。“企业已经建立合规管理体系的，可以成为切割企业责任与关联人员责任的依据，也可以成为证明不存在主观罪过或失职行为的证据。”[1]企业刑事风险防范体系的全套资料，本身就可以成为切割企业责任与涉案人员责任的依据，证明企业不存在主观罪过或失职行为。

二、运行记录

企业刑事风险防范体系的运行记录，能证明刑事风险防范体系真正落地，切实运行。具体的运行记录材料包括：合规巡查日记账，违规问题的举报、投诉、调查、处置情况，合规汇报，日常的合规培训的记录，员工手册、合规手册的落实情况（包括发放记录、学习记录、培训记录等），合规业务流程的审批资料，合规管理机构参与公司重要会议，对重要经营事项提出合规意见的资料，合规部门对其他员工的合规考核资料，公司对合规部门的合规考核资料等。

---

〔1〕 陈瑞华：《企业合规出罪的三种模式》，载《比较法研究》2021 年第 3 期。

尤其重要的是刑事风险防范培训记录,因员工的行为通常会牵连到企业,企业可能面临刑事风险时,往往就需要提供完整的对涉案特定员工的全套合规培训记录。司法实践中,企业员工实施犯罪行为导致企业面临刑事风险时,证明企业无罪的刑事举证责任往往在企业,企业需要“自证清白”。

员工一旦面临刑事风险,在人性的利弊选择面前,往往会推卸责任,与企业形成对立局面,抗辩认为企业并没有合规要求,他的行为属于单位行为而不是个人行为;或者抗辩认为公司虽然制定了一些有关合规要求的制度,但是这些制度形同虚设,公司层面说一套做一套,公司鼓励大家实施违法犯罪行为,因此单位应该承担主要责任。此时,如果企业只有制度层面的材料证明公司禁止员工的犯罪行为,制度文件与员工的证词相矛盾,大多数案件中,裁判者倾向于认为员工的证词更加可信,更加符合案件事实真相,对企业非常不利。

反之,如果企业在刑事风险防范培训过程中充分留痕,留存了涉案员工培训的全套档案资料,包括员工的培训签到、培训合照、培训内容 PPT、员工培训的会议记录、员工培训后的学习心得、员工亲笔书写的承诺书等,这些员工签字确认甚至亲笔书写的证据材料,属于员工的言词证据或者签认材料,即便员工试图将责任推卸给企业,企业有制度文件和这些员工的培训记录、签认字据,能更加充分地证明员工在企业培训下已经明知涉案行为是犯罪行为,且明知企业禁止该行为。此时涉案企业刑事风险的抗辩空间就比较大,可以形成明显的证据优势。

案例 >>>

杨某、杨某甲、郑某等出售、非法提供公民个人信息案[1]

雀巢公司为了证明其不构成单位犯罪,不仅提供了雀巢公司政策、员工行为规范等雀巢公司制度文件层面禁止员工以非法方式收集消费者个人信息的证据,还提供了涉案被告人接受合规培训的证据及其签署的合规承诺函。以上证据充分地证明,被告人郑某等在明知法律法规以及公司禁止性

[1] 甘肃省兰州市城关区人民法院刑事判决书,(2016)甘 0102 刑初 605 号。

规定的情况下，为完成工作业绩而置法律规范、公司规范于不顾，违规操作进而贿买医务人员，获取公民个人信息。该行为并非雀巢公司的单位意志的体现，不属于单位犯罪。

某公司涉嫌单位行贿罪案

该公司形成了专职合规员的156条工作日志、兼职合规员的39条工作日志、每季度合规负责人代表合规部向董事会汇报合规工作的汇报材料、合规部对公司几个核心部门进行各专项检查的工作记录，以及财务部门根据新的财务审批流程和权限，对预算内的支出和预算外的支出的付款审批记录，合规部对公司业务合同的审批记录等。其中包括一起兼职合规员发现公司员工存在违规行为的处理实例。兼职合规员黄某根据公司《合规管理制度》的规定向合规负责人梁某汇报，合规部随后启动调查程序，形成调查意见，按照规定将调查意见上报董事会批准处理，董事会作出最后的处理决定。这些证据材料是证明公司刑事风险防范体系有效运行、发挥合规监督作用的重要依据。

三、优化记录

刑事风险防范体系为了尽可能应对所有刑事风险，涵盖企业的所有业务行为，企业需要根据实际经营情况，在合规顾问律师的协助下，对其刑事风险防范体系进行定期、不定期的专项合规检查，持续优化刑事风险防范体系。由此形成的优化记录包括合规检查的底稿、检查的反馈意见、风险防范体系整改材料等内容，可以证明合规顾问律师确实对企业的日常合规运作进行了监督，并且企业也对风险防范体系不断进行优化完善。

刑事风险防范体系的优化记录，实际上是为了避免企业由于实际经营情况变化，风险防范体系无法落实，或者刑事风险防范体系无法涵盖企业新增业务，出现刑事风险的防范漏洞，导致企业在面临刑事风险时，无法提供充分的抗辩空间和证据材料的情况。

第五章
CHAPTER 05

企业刑事风险防范的原理

企业犯罪可以分为两种类型：由企业集体决策实施的系统性企业犯罪和由关联人员实施后企业承担连带性刑事责任的非系统性企业犯罪。企业防范刑事风险的方式有三种：消除刑事风险、剥离刑事风险、切割刑事风险。对于非系统性企业犯罪，企业可以通过上述三种方式出罪。

系统性企业犯罪，由于是企业集体决策实施的犯罪行为，只有继续实施犯罪与停止实施犯罪的选项，实际上并没有刑事风险防范措施可言。企业主动合规整改防范的是非系统性企业犯罪风险，即企业没有实施犯罪行为的意愿，在此基础上对员工的犯罪行为进行防范，避免因为企业不可控的员工行为导致刑事风险。如果企业集体决策积极实施犯罪行为，即明知系犯罪行为，仍然积极实施犯罪行为牟利，则难以建立刑事风险防范体系；即便建立刑事风险防范体系，也很可能形同虚设。

刑事案件的演化大致可以分为三个过程：刑事风险预防阶段，相关企业及人员通过各种手段，尽量避免刑事犯罪，消除刑事风险；刑事风险出现后，涉案企业和涉案人员积极应对刑事危机，通过各种方式寻求避免案发、避免被追究刑事责任的结果发生；刑事危机未能妥善处理，涉案企业和涉案人员被指控涉嫌犯罪，案件则进入刑事辩护的阶段，案件处理结果与辩护工作有很大关联。

在这三个过程中，刑事风险出现之前的预防，远远比刑事危机出现之后的应对处理重要，也比被指控犯罪后进行的辩护更加有效。企业针对刑事风险的合规整改其实就是防范刑事风险的过程，从企业日常经营过程中着手进行刑事辩护的准备工作，为后续可能发生的刑事案件辩护工作准备充分的辩护空间和证据材料。刑事律师根据辩护经验，诊断企业经营行为可能涉及的刑事风险种类以及刑事风险高发环节，区分企业罪与非罪的判断标准，为企业提供无罪抗辩的观点及证据材料，既可以最大限度地杜绝企业所涉及的刑事风险发生，禁止员工为了企业的业务和个人业绩铤而走险涉及刑事风险，也可以最大限度地剥离企业的犯罪风险，将员工个人犯罪行为与企业行为相切割，即便后续刑事风险发生，也准备了充分的抗辩空间及抗辩所需要的证据材料。

主动刑事风险防范旨在识别、消除或隔离刑事风险。识别风险是为企业进行刑事风险的"体检"，经过对企业的尽职调查，发现企业经营行为中的主要刑事风险点、刑事风险成因。消除风险，即对存在较高刑事风险相关的业务、经营模式进行整改，杜绝违法犯罪行为、消除刑事风险隐患。隔离风险，即将存在刑事高风险的业务部门剥离，在高风险的经营行为和主体企业之间形成刑事风险的"防火墙"，在涉案人员与企业之间形成刑事风险的"防火墙"，最大限度地保护经营主体，避免刑事责任。

第一节

消除刑事风险

防范刑事风险最彻底的方式就是避免刑事犯罪，彻底消除刑事风险。如果刑事风险防范体系能让企业在生产经营过程中不发生刑事犯罪行为，则企业及企业员工都不会有刑事风险。没有犯罪行为发生，自然没有刑事风险。理论上，企业主动刑事风险防范整改能在较大程度上消除部分刑事犯罪的风险。总体而言，企业的犯罪有无意识犯罪和有意识犯罪两种类型。无意识犯罪，即企业及其员工并未充分意识到其行为属于犯罪，会给企业及其员工带来刑事风险；有意识犯罪，即企业及其员工明知道相关行为涉嫌犯罪，仍然为了追求业绩心存侥幸，放任犯罪行为发生，使他们遭致刑事风险。通过刑事风险防范体系的运行,无论是有意识犯罪还是无意识犯罪,都可以在一定程度上消除刑事风险,防范企业因员工个人的犯罪行为而承担连带刑事责任。

一、事前培训

刑事风险防范体系中的合规培训,可以在业务违规行为发生前,消除部分违法犯罪的风险。对于无意识犯罪,企业通过专项刑事风险防范培训,可以丰富员工的法律知识,提高员工自觉守法的意识,让员工明白哪些行为是犯罪,哪些行为不是犯罪,能区分其业务行为的罪与非罪,避免无意识犯罪。对于有意识犯罪,企业也可以通过专项刑事风险防范培训,宣讲法律知识和犯罪的法律后果,加强刑事风险警示教育,让员工产生敬畏之心,打消犯罪念头,主动自觉地遵守合规要求,消除企业刑事风险。

二、事中审核

在具体业务行为实施过程中,企业通过合规的业务审批流程,由合规管理机构进行合规审查,可以及时发现、制止、纠正很多违规行为,让员工的违法犯罪行为难以得逞,保障业务行为的合规性。具体业务行为的合规监管,可以让员工难以利用企业业务流程漏洞实施犯罪行为,最大限度地避免刑事犯罪的发生。

三、事后监督

业务行为发生后,合规管理机构还可以通过主动巡查、定期抽查、接受举报和投诉等方式,对业务行为的合规性进行事后审查监督。企业发现违规事项后进行调查处置,可以最大限度地化解刑事风险,减少损失。同时,还可以起到很好的警示教育意义,遏制个别员工实施违法犯罪行为的侥幸心理,在一定程度上防范刑事犯罪的发生,消除企业的刑事风险。

总之,企业刑事风险防范体系的有效运转,能在较大程度上避免员工的违法犯罪行为,员工在企业日常经营过程中没有发生犯罪行为,企业及其员工自然就消除了刑事风险,这是刑事风险防范体系对企业刑事风险防范的最理想效果。

第二节
剥离刑事风险

如果企业在经营某些业务行为过程中发生刑事犯罪行为,企业与犯罪行为存在关联,涉案员工在刑事危机面前“推卸责任”,企业就可能涉及刑事风险。此时企业重要的抗辩理由是,企业没有实施犯罪行为,相关犯罪行为不能归咎于企业。相应地,企业主动刑事风险防范,就是将抗辩理由提前落实到日常经营行为中,让刑事风险发生后,企业有充分的证据材料可以支持抗辩理由,为企业“阻挡”刑事风险。因此,刑事风险防范过程中,如果经过尽职调查、刑事风险评估,合规顾问律师发现企业的部分业务行为无法彻底消除刑事风险,甚至部分业务行为是企业不可控的高发刑事风险点,抑或如果在当前社会条件下企业客观上无法杜绝业务员的违法犯罪行为,此时,企业及其管理者的诉求,往往不是彻底消除刑事风险,而是防范刑事风险。从企业角度看,防范刑事风险的最佳选择是剥离刑事风险。剥离刑事风险的具体措施包括调整经营架构和调整人员配置。

一、调整经营架构

企业通过调整经营架构,包括通过设立、合并、注销子公司及合作机构等方式,将刑事风险高发的业务部门剥离,形成新的独立法人主体,为核心企业提供服务,与企业形成合作关系,而不是代表企业履行职务行为,进而保护企业,预防企业犯罪风险。

以上市公司为例,只要不是上市公司主体实施的单位犯罪,无论是其控制的下属哪一层级的公司涉嫌单位犯罪,对上市公司的影响都是可控的,甚至上市公司的母公司涉嫌单位犯罪,对上市公司的影响也是有限的。如果实施犯罪行为的是与上市公司不存在股权关系的合作方,即便上市公司直接或间接地从犯罪行为中获益，也无法认定上市公司构成单位犯罪。

当然，要调整企业经营架构，就涉及企业方方面面的问题。例如，新成立的法人主体与合规整改企业的合作关系、利益分配问题。又如，新成立的法人主体与合规整改企业的资质管理与使用问题，很多业务都需要特定资质，关键的特定资质需要配备相应的企业人力、财力等资源，需要使用该资质开展业务的部门在剥离后，如何与企业衔接资质使用等，每个企业都需要根据实际情况予以细化。

二、调整人员配置

企业将刑事风险高发的部门剥离，必然涉及人员的剥离。如果成立与企业无关的法人组织，将相关人员全部剥离，由企业员工变成新成立的法人组织的员工，则可以全面剥离刑事风险。但司法实践中，不少企业以设立下属公司的形式调整人员架构，这就需要注意人员调整的彻底性问题。

比如，上市公司将刑事风险高发的某个业务部门剥离后成立控股子公司，但该控股子公司的负责人或高级管理人员同时又兼任上市公司的高级管理人员，该控股子公司涉嫌刑事风险时，上市公司也面临刑事风险。因此，企业有风险的业务部门剥离出去后，相关人员也需要调整，避免出现业务部门隔离但人员混同的情况。

人员的岗位调整也往往涉及各种细节问题，如部分技术人员与企业的各项经营资质紧密相连，将刑事风险高发的业务部门剥离，涉及公司技术人员如何调整、经营资质如何使用等问题，每个企业都需要根据实际情况予以调整。

案例>>>

某公司涉嫌单位行贿罪合规整改案

公司开拓业务过程中高发单位行贿犯罪的刑事风险，多次案发后都被检察机关酌定不起诉。但案件能否获得酌定不起诉的处理结果具有不确定性，无法确保每一次案发公司都能平安无事。于是，公司决定进行主动刑事风险防范,改变业务的开拓模式,使公司业务模式变成“代理制度”。该业务模式对公司而言,虽减少了较多的收益,但起到了很好的刑事风险防范作用。在合规整改完成后,公司某一单投标业务涉嫌贿赂犯罪案发,公司面临单位犯罪的刑事风险。此时,该犯罪行为能否归咎于公司,就成为该公司能否剥离刑事风险的关键。涉案公司此前的合规整改为公司争取到了充分的抗辩空间,该公司将涉案部分业务从公司剥离,虽然涉案业务最终由该公司承接,但具体的投标行为并非该公司所为,投标过程中的贿赂犯罪与公司没有刑法上的关系,该合规整改措施起到了保护公司的作用。

第三节

切割刑事风险

通过消除刑事风险和剥离刑事风险,企业可见的刑事风险都能得到较好的防范。但员工经营过程中的刑事风险始终是无法彻底消除的,也很难彻底剥离,员工的行为具有不确定性。既不排除企业员工绕开企业的合规监管,仍然实施犯罪行为;也不排除企业经营架构和人员配置调整后,又与企业员工内外勾结实施犯罪行为;诸如此类,犯罪行为是无法杜绝的。此时,企业继续抗辩的重要理由是企业已经尽到合规管理义务,且企业明确禁止犯罪行为,也未鼓励、纵容、放任员工实施犯罪行为,企业没有过错,员工的个人犯罪行为不应归咎于企业。因此,从企业刑事风险防范的角度,防范企业因为实际控制人、其他管理人员、普通员工的犯罪行为而遭致刑事风险,是尤为紧要的。

相应地,为了最大限度地完善企业刑事风险防范的措施,企业需要通过运行刑事风险防范体系,实现企业行为与员工犯罪行为的责任切割效果,由此证明员工的犯罪行为不应归咎于单位。

《刑法》第 30 条规定:“公司、企业、事业单位、机关、团体实施的危害社会的行为,法律规定为单位犯罪的,应当负刑事责任。”《最高人民法院关于审理单位犯罪案件具体应用法律有关问题的解释》第 3 条规定:“盗用单位名义实施犯罪,违法所得由实施犯罪的个人私分的,依照刑法有关自然人犯罪的规定定罪处罚。"《全国法院审理金融犯罪案件工作座谈会纪要》规定:"根据刑法和《最高人民法院关于审理单位犯罪案件具体应用法律有关问题的解释》的规定,以单位名义实施犯罪,违法所得归单位所有的,是单位犯罪。"可见,单位犯罪是单位为本单位谋取非法利益或者以单位名义为本单位全体成员或者多数成员谋取非法利益,由单位的决策机构按照单位的决策程序,由直接责任人员具体实施的犯罪行为;〔1〕单位犯罪必须是单位直接负责的主管人员、其他直接责任人员在单位的整体意志支配下所实施的犯罪。当前,这种单位犯罪的认定标准,是将单位当作拟制的人,根据主客观相统一的原则评判单位是否构成犯罪,是否需要承担刑事责任。这种单位犯罪的认定标准,在理论上留下了通过主动合规为企业防范刑事风险的空间。

一、切割刑事风险的原理

单位承担刑事责任的原理是什么?员工履职过程中的犯罪,是否必然导致企业连带承担民事责任和刑事责任?黎宏教授20年前就提出过类似的疑问:单位犯罪是因为单位员工的违法行为才承担连带责任,还是因为单位对员工的违法行为有罪过而承担的自我责任?〔2〕黎宏教授给出的答案是有说服力的:"单位之所以构成犯罪,并不是因为其员工的行为而承担代位或者转嫁责任,而是其自身对员工的违法行为具有罪过。只有受单位主观意思鼓励、刺激、容忍或者默许的自然人的行为,才能够被看作单位的犯罪行为。"〔3〕

企业作为一个独立的法人,具有独立的行为和意志。"在刑事合规视域下,对单位归责的基础在于其存在组织管理缺陷,未能有效制定和执行合规制度,导致其内部成员借此漏洞实施犯罪行为。"〔4〕"只有在作为单位'手

〔1〕参见张明楷:《刑法学》(上)(第6版),法律出版社2021年版。
〔2〕参见黎宏:《单位刑事责任论》,清华大学出版社2001年版。
〔3〕黎宏:《合规计划与企业刑事责任》,载《法学杂志》2019年第9期。
〔4〕王志远、邹玉祥:《刑事合规视域下单位犯罪刑事治理的检视与完善》,载《甘肃社会科学》2020年第5期。

足’的单位成员在业务活动中的行为体现了单位意思时,才能让单位承担刑事责任,否则,该组成人员的行为就是个人行为,单位不承担责任。”[1]如果公司有完善的刑事风险防范体系,合规制度贯彻于公司的组织架构、规章、员工手册、企业文化,合规要求渗透到公司员工的日常行为规范中,员工的行为违反法律规定,同时也与公司的合规制度相违背,员工的犯罪行为不仅没有得到单位的鼓励、教唆、纵容、默许,还会受到单位的严厉惩罚。此时,该犯罪行为没有体现单位的意志,公司对于员工的犯罪行为没有罪过,不应该为员工的犯罪行为承担刑事责任。

二、锁定单位的出罪事由

企业主动防范刑事风险,实际上就是通过刑事风险防范体系建设,锁定单位犯罪的出罪事由,让涉案犯罪行为无法满足单位犯罪的构成要件,无法追究企业的单位犯罪刑事责任。

(一)并未以单位名义实施

以单位名义对外进行的业务活动涉及犯罪,会让企业直接面临刑事风险。如涉案犯罪行为不是以单位名义实施,则员工主导下的犯罪行为能否被认定为单位犯罪行为,存在较大的抗辩空间。

案例>>>

某实业有限公司涉嫌污染环境罪案

该公司被认定不构成单位犯罪的重要理由之一就是,“没有以某实业有限公司名义实施处置电镀污泥行为,并未使用被不起诉单位营业执照、合同书、公章、印鉴等对外开展活动”[2]。

(二)员工从该犯罪中获益

利益归属是评判单位犯罪的重要条件,犯罪行为让单位获益或者让单

---

〔1〕 黎宏:《组织体刑事责任论及其应用》,载《法学研究》2020年第2期。

〔2〕 江苏省扬州市经济技术开发区人民检察院不起诉决定书,扬开检诉刑不诉〔2019〕21号。

位内大多数成员获益，体现非法利益归属的团体性。如果单位没有获益，没有获得额外的非法利益，或者单位获益的同时个人也获益，则可以增加企业面对刑事风险的抗辩空间。司法实践中，企业实际控制人的利益与企业的利益往往是重叠的，企业员工的利益与企业的利益往往也是重叠的。企业创造更多的效益，企业实际控制人的收益就增加，企业员工的提成、奖励也就更多。单位犯罪并非只有单位获益，员工也从犯罪行为中获益，为单位出罪留下抗辩的空间。

以某监理公司涉嫌单位行贿罪案为例：

法院经审理查明，季某作为江苏某监理公司某项目监理部和之后成立的某分公司的负责人，为了谋取不正当利益，代表单位向国家工作人员行贿113万元。但是，实际合作关系中，季某利用江苏某监理公司的资质承包监理工程，给公司交管理费，实质上是一种挂靠关系，中标后的工程盈亏与被告单位江苏某监理公司无关，无证据证实某监理公司明确授意或指使被告人季某在工程招投标活动中通过行贿获得中标资格，亦无证据证实违法所得归被告单位某监理公司所有，故某监理公司不构成单位犯罪。[1]

在该案中，虽然某监理公司从季某的犯罪行为中获益，但不可否认，季某也获得了利益，甚至获得了更大的利益。某监理公司并非主要获益人是本案评判该公司不构成单位犯罪的重要考虑因素。

（三）犯罪未体现单位意志

只有经单位集体决定或由单位负责人决定、单位授权的主管人员决定，该行为才能体现单位的意志。如果单位内部人员的行为没有得到单位的授权、不是经过单位集体决策或负责人决定，而是基于自己的意志，即使是“以单位名义”和“为了单位的利益”进行犯罪，除非这种犯罪行为或犯罪活动得到单位负责人的追认，否则仍只能属于单位内部人员的个人犯罪而非单位犯罪。[2] 企业经过合规整改，对审批权限、决策流程、权责划分等进

[1] 甘肃省庆阳市西峰区人民法院刑事判决书，(2015)庆西刑初字第644号。
[2] 江苏省泰州市中级人民法院刑事判决书，(2014)泰中知刑初字第00013号。

行合规调整,往往可以避免某个犯罪行为被评判为单位意志主导下的单位犯罪行为。“企业作为一个生命有机体,具有独立的行为和意志,有效合规计划能够证明企业没有犯罪的主观意志,而是员工、第三方、投资并购相对方超越企业的授权、违背企业意志,为其个人利益从事违法行为,因此应追究其个人责任而不能连带追究单位责任。”[1]

以某工程有限公司涉嫌串通投标罪案为例:

公诉机关指控:2015年5月,被告单位某工程有限公司支部书记、副经理被告人陈某与罗某、邓某商谈以某工程有限公司名义参加运营项目投标,中标后某工程有限公司收取服务费和每个月5%的管理费。后被告人陈某与负责该项目招标事宜的被告人邓某对接,由被告人陈某提供某工程有限公司的技术指标并找来其他公司陪标,由被告人邓某修改招标文件的评分标准,使某工程有限公司在后来的公开招标中顺利中标。公诉机关认为,被告人邓某、被告单位某工程有限公司、被告人陈某作为被告单位的直接责任人,串通投标,损害国家利益和其他投标人利益,情节严重,均应当以串通投标罪追究其刑事责任。

被告人陈某自愿认罪,但辩称其是在履行职务过程中串通投标,犯罪主体应当是单位。本案的争议问题是,某工程有限公司的支部书记、副经理陈某,以单位名义实施串通投标的行为,能否归咎于单位?

法院认为,被告人陈某虽然是在履行工作职责过程中,代表单位参与涉案招投标工程,但是其在投标过程中所实施的超出正常履职范围的“串通”行为是否有单位授权即是否代表单位意志,被告人陈某对此无法提出证据证明,相反,被告单位明确否认曾授权或默许陈某实施违法串通投标的行为。另外,被告人陈某仅为被告单位内设机构的支部书记、副经理,其行为不足以推定为代表单位意志。被告人陈某所实施的串通投标行为无充分证据证明系经过单位决策,代表单位意志,不应按单位犯罪处理。[2]

---

〔1〕 陈瑞华:《企业合规的基本问题》,载《中国法律评论》2020年第1期。

〔2〕 广东省中山市第一人民法院刑事判决书,(2019)粤2071刑初996号。

以西某通信公司涉嫌破坏计算机信息系统罪案为例:

公诉机关指控:2016 年 1 月至案发,被告人陈某某作为点某达公司负责人,为扩大点某达公司的营业收入,遂起意从他人处购入 DPI 程序,利用该程序的重定向功能,进行流量劫持牟利。嗣后,其与时任西某通信公司大数据部总监的被告人朱某某合谋,以西某通信公司与点某达公司合作分成的形式,由朱某某利用西某通信公司业务渠道获取相关电信运营商流量服务器的权限。随后由被告人田某某根据陈某某的指令使用该权限在相关服务器上部署具有重定向功能的 DPI 程序,由陈某某通过设置在阿里云空间的管理平台进行策略部署,进而通过上述 DPI 程序的重定向功能对上述服务器中收到的 http 数据包进行解析、修改,将其预设在阿里云空间的广告渠道码植入后再次发送,从而达到流量劫持获取非法收入的目的。经查,通过上述流量劫持方式,西某通信公司与点某达公司共同非法获利逾百万元。

本案的争议焦点在于西某通信公司的行为是否构成单位犯罪。法院认为:其一,西某通信公司与点某达公司通过签订合同开展广告推广业务,朱某某作为西某通信公司部门负责人、大数据部总监与点某达公司被告人陈某某以各自单位名义开展流量劫持合作,朱某某的收入大部分进入西某通信公司账户,上述行为基本满足“以单位的名义为单位牟取利益”“违法所得归单位所有”两个要件。其二,朱某某的行为能否体现西某通信公司的意志,是判断西某通信公司是否构成单位犯罪的关键。首先,朱某某作为西某通信公司部门负责人,其行为并不能代表西某通信公司的单位意志;其次,西某通信公司董事长、总经理艾某某否认同意或者授权朱某某进行流量劫持,本案亦未见同意或者授权朱某某进行流量劫持的公司决议;最后,现有证据并不能证明西某通信公司主观明知朱某某与陈某某等人开展流量劫持合作,且两家公司之间有合法、正规业务。据此,由于单位意志相关证据的缺失,本案不能认定西某通信公司构成单位犯罪。[1]

---

〔1〕 上海市徐汇区人民法院刑事判决书,(2018)沪 0104 刑初 82 号。

三、切割刑事风险的具体措施

(一)调整业务模式

在特定行业潜规则下,部分行业的业务拓展往往伴随极高的刑事风险,例如串通投标、贿赂犯罪等。企业客观上无法通过合规整改完全消除刑事风险,而且即便完全消除了刑事风险,也很可能意味着企业的业务发展会受到重大影响。此时,从企业刑事风险防范的角度,企业需要考虑的是调整业务模式,加强合规文化的宣讲,将企业行为与员工的犯罪行为切割,让企业不需要对员工个人的犯罪行为承担刑事责任,达到为企业防范刑事风险的目的。

以某机械销售有限公司为例,该公司常见的刑事风险是贿赂风险,业务员为了销售产品、获得巨额的业绩提成奖励,提高业务拓展中的行业竞争力,往往会实施贿赂犯罪和串通投标的犯罪行为。众多业务员让公司陷入不可控的巨大刑事风险,为了避免刑事风险,企业采取了"让利"措施,对公司的业务模式进行了重大调整。

调整后的销售模式有两种:

第一种销售模式是与当地代理商合作,由代理商向区域市场客户分销,并对公司的设备进行买断,公司跟代理商商定固定的"批发"价格,该价格已经包含了公司的利润。在这种销售模式下,公司和代理商之间的关系是,公司只卖设备,不负责安装和维保,安装和维保都由代理商自行解决。公司的销售人员不对接具体客户,只对接区域代理商,完成业绩时,则按照业绩给销售人员计算提成。

第二种销售模式是居间模式,公司与代理商和业务中间人达成合作模式,代理商和业务中间人只提供业务引荐、促成合作的服务,由公司出面与客户洽谈、签订销售合同,客户不仅向公司直接购买机械,而且直接由公司提供安装、运输、维保等服务。这种模式下的销售价格,是由公司根据客户的需要,核定一个销售底价,再加上代理商或中间人上浮的居间费用来核定。这个居间费用一般由代理商或中间人根据项目大小或重要性等具体情况自行确定,项目结束后给到代理商或中间人。如果是销售人员自己找来销售项目,则底价上浮部分的居间费,可以通过一定的方式发放给销售人员,作为对其业绩奖励。

在实际经营过程中,公司通过严格的合规文化,禁止业务员的贿赂、串通投标等犯罪行为。至于这些居间费用的归属和具体使用,由代理商、中间人、销售人员自己决定。即便代理商、中间人、销售人员为了获得业绩,而自付费用进行接待、公关应酬等,公司不知情,更未组织、策划、指使,因此不应归咎于公司。业务模式调整后,公司近年来的业绩上涨速度很快,也很少涉及串通投标、贿赂犯罪等单位犯罪的刑事风险。

以某药业公司涉嫌单位行贿罪案为例:

公诉机关指控:2009 年 8 月,被告人邓某被聘任某药业公司名誉董事长,全面负责该公司药品销售工作,并具体负责向某某镇等地中心卫生院销售中、西药品。为了能与卫生院继续保持药品供销关系并及时收付药品货款,邓某根据某药业公司销售提成的销售模式,按回收药品货款金额的一定比例分别向某中心卫生院院长杨某、范某等人贿送药品回扣。公诉机关认为,被告单位某药业公司在药品供销的经济往来中,给予国家工作人员药品回扣的行为,应当以单位行贿罪追究其刑事责任。被告人邓某作为其直接负责的主管人员,违反国家规定,给予国家工作人员药品回扣的行为,应当以单位行贿罪追究其刑事责任。该案的争议焦点是,涉案的贿赂行为能否归咎于该药业公司?该药业公司是否构成单位行贿罪?

法院认为,被告人邓某系某药业公司名誉董事长,在药品销售过程中,违反国家规定,为谋取个人利益,给予国家工作人员回扣、手续费共计人民币 10.16 万元,且数额较大,其行为已构成行贿罪。被告单位某药业公司按照市场经济营销管理模式制定了营销纲要,该营销纲要明文禁止药品销售人员以任何形式行贿,一经发现公司将终止劳动合同,责任由销售人员自己承担。被告人邓某违反公司营销管理规定,以个人药品销售提成的劳务报酬向杨某、范某等人进行商业行贿行为，既不是由公司领导决定，也不是由公司提供资金而为该公司获取非法商业利益，据此，公诉机关指控被告单位某药业公司犯单位行贿罪的事实及罪名不能成立。[1]

该公司的业务模式值得很多公司作为防范刑事风险的模式借鉴使用。公司建立了公开的销售模式，为了提高销售人员的工作积极性，完成公司确定的目标任务，公司按照药品销售金额与回收货款共计3%的比例，向销售人员支付提成的绩效考核标准，作为药品销售人员的基本工资、电话费、午餐补助费等劳务报酬。至于业务员获得业绩提成后如何使用，与公司无关。业务员为了获得这部分绩效无疑会积极开拓业务。

即便营销人员为了开拓业务实施贿赂犯罪行为，虽然客观上使公司受益，但也很难追究单位的刑事责任。从制度上，贿赂犯罪的资金并非来自企业，而是来自营销人员自己的资金；从决策上，营销人员为了开拓业务自行决定实施贿赂犯罪行为，不能代表企业的意志，贿赂犯罪行为并不是企业集体决策或者授权决策的主体决定实施的；从利益归属上，获益的不仅仅是企业，同时营销人员个人也获益，营销人员为了个人业绩而实施犯罪行为的抗辩成立；从合规文化上，公司营销纲要明文规定：禁止销售人员实施任何形式的行贿等违法犯罪行为，一经发现将终止劳动合同，责任由销售人员自己承担。该案中，企业通过业务模式调整和合规文化建设，很好地将员工个人犯罪行为与企业行为切割开来，有效防范了企业的刑事风险。

（二）调整审批权限

企业的审批权限，意味着直接负责人的认定，进而影响涉案行为能否被认定为经过单位决策的行为。企业建立刑事风险防范体系，在审批权限的调整上有两个方面：审批权限下放和审批权限上升。公司需要根据自身实际经营情况、业务特点、刑事风险点，确定切割刑事风险的审批权限调整方式。

1. 审批权限下放

经公司高级管理人员审批后实施的行为，往往更容易被认定为企业行为，一旦该行为涉嫌犯罪，企业也就面临刑事风险。在企业整改过程中，企

[1] 四川省南部县人民法院刑事判决书，(2016)川1321刑初166号。

业可以考虑通过调整审批权限的方式，隔离企业及高级管理人员的刑事风险。在很多大企业中，公司审批事无巨细都上升到董事长签字，很多时候董事长签字的形式审批重于实质审批，但形式审批后的员工行为，都会直接升级为公司行为，一旦员工行为涉及刑事犯罪，很可能会被认定为公司犯罪，如此公司就可能面临诸多不确定的刑事风险。因此，公司规模越大，就越需要将审批权限下放，限缩董事长等高级管理人员的审批范围。审批权限下放后，部分犯罪行为是下级部门的人员审批的，而且公司下放授权审批的是合法的经营行为，下级部门在审批过程中，越权实施犯罪行为，从决策层级和决策内容上，可以为公司争取无罪抗辩的空间。

以某船厂涉嫌污染环境罪案为例：

该公司对涉案废物的处理过程经过了公司内部审批，后来涉案废物处置违法，涉嫌污染环境罪，审批表上所有人都被刑事立案，拟追究刑事责任。由于最高一级审批人是公司副总经理，导致这个污染环境行为也可能被认定为单位犯罪。

该案件单位犯罪抗辩的空间在于：其一，审批的最高级别管理人员仅为公司的副总经理，并非公司总经理、董事长或法定代表人；其二，辩护律师经仔细研究发现，该次处置废物的资金审批单据显示审批流程是正常的，审批的内容是同意对涉案废物进行处置，但并没有要求下属员工违规委托没有废物处理资质的公司违规处置。那么，下属员工将涉案废物交给没有废物处理资质的公司进行处置的行为，已经绕开了公司的审批程序，是在公司审批之外实施的违规行为，该行为能否代表单位行为，存在一定的辩护空间。

以某家具有限公司涉嫌污染环境罪案为例：

起诉意见书认为，2018 年 11 月 30 日，被告人王某某（某家具有限公司行政部部长）明知被告人夏某某无危险废物处理资质，而私自以 2000 元的价格委托夏某某处置该公司危废仓库内的废油漆渣。夏某某于 2018 年 12 月 1 日 19 时许驾驶货车到仓库拖运废油漆渣 6.02 吨，后将该车废油漆渣非法倾倒在某河堤处。经认定：非特定染料、涂料废物产生行业中使用油漆

（不包括水性漆）进行喷漆、上漆过程产生的废物属于危险废物，危险废物代码 HW12。某家具有限公司面临单位犯罪的刑事风险。

然而，根据该公司的规章制度，公司危险废物处理决策人为公司第一负责人，授权行政部部长按照合法程序进行协调和处置，并与具有危险废物处理资质的公司签订了委托处置协议。本案中王某某超越公司授权实施的污染环境行为系其个人行为，不能代表该单位意志。因此，办案机关认为，某家具有限公司没有犯罪事实，不需承担单位犯罪的刑事责任。[1]

2. 审批权限上升

明确某些事项的审批，必须经过某一较高层级管理人员的审批，或者必须向主要负责人请示，并经其审批。如此，在下属员工未经审批程序擅自决定实施犯罪行为时，该行为能否被认定为单位行为，企业还存在较大的抗辩空间。

案例>>>

某实业有限公司涉嫌污染环境罪案

起诉意见书认为，2018 年 6~12 月，某实业有限公司某某工厂闵某某、制造部夏某某、环安科王某某、污水处理班周某某为控制排污处置成本，在明知戈某无危险废物经营许可证，未审批环保跨省转移联单，交其处置危险废物具有刑事犯罪法律后果的情况下，积极合谋、推动、决定、互相配合，以明显低于市场处置价格或不支付费用，采取规避监管检查的方式，先后将公司产生的含镍、铬重金属电镀污泥 250 吨交给戈某处置。戈某在取得上述危险废物后进行非法处置，造成土壤受到污染，损害生态环境。公安机关认为，某实业有限公司为减少处置成本的公司利益，将危险废物电镀污泥交予未取得危险废物经营许可证的个人非法处置，严重污染环境；该公司直接负责的主管人员闵某某明知行为具有刑事犯罪的后果，仍积极推动、策划，并采取逃避监管的方式非法处置危险废物；该公司直接负责人员夏某某、王某

〔1〕 四川省眉山市彭山区人民检察院不起诉决定书，眉彭检诉刑不诉〔2019〕7 号。

某、周某某利用自岗位条件、审批职能,积极推动、互相配合将多批电镀污泥交与他人非法处置,严重污染环境。

该案中,某实业有限公司是否承担单位犯罪的刑事责任成为争议焦点,从审批权限看,该公司不构成单位犯罪。主要理由如下:

其一,公司环安会议虽然研究了电镀污泥的处置,但公司主要负责人李某并不参与,环安会议没有相应的会议规章制度,证据显示,重大事项仍须向李某请示,执行力不明确,不能认定为公司决策机构,不能直接等同于代表公司意志。

其二,李某与闵某某等的微信聊天记录,证明李某没有在任何场合作出过明确意思表示,要求下属违规处置公司的电镀污泥,反而是强调要合法合规处理;不能排除单位职工为了个人私利,违法处置电镀污泥,违背公司意志。

其三,认定处置决定系经过单位授权的分管负责人作出的证据不足。电镀污泥处置决定系闵某某作出,相关书证显示闵某某为某实业有限公司某工厂的员工,但没有授权委托书和相关任命文件证实其为某实业有限公司"授权的分管负责人"。

综上所述,闵某某、夏某某、王某某、周某某非法处置电镀污泥的行为虽然能够导致某实业有限公司获益,但不符合《刑法》中单位犯罪的构成要件,某实业有限公司不构成单位犯罪。[1]

(三)建设合规文化

企业的犯罪行为说到底还是员工的具体行为,一旦发生刑事风险,员工的行为能否代表企业,员工的个人犯罪行为能否归咎于企业,就成为影响企业刑事风险的核心内容。刑事风险防范不仅要避免单位集体决策的犯罪行为,还要形成单位的合规制度、合规文化、合规手册、合规要求,单位的合规要求要贯彻到单位日常经营中的每一个成员和每一个经营活动中。单位成员实施的犯罪行为与公司的合规制度、合规文化相违背,而且该犯罪行为不

[1] 江苏省扬州市经济技术开发区人民检察院不起诉决定书,扬开检诉刑不诉〔2019〕21号。

仅没有得到单位的鼓励、教唆、纵容、默许，还会得到单位严厉的惩罚，此时，单位才可能被认定为没有过错，单位成员实施的犯罪行为不能体现单位意志。

因此，企业需要还通过合规文化来实现刑事风险的切割。企业通过合规培训、合规承诺书、合规手册、员工手册等建设企业合规文化，向员工提出合规要求，提出禁止犯罪行为的要求，并留存员工参与合规文化建设的全套档案资料，包括合规培训签到材料、合规培训学习心得、合规承诺书等。这些材料就可以证明企业已经履行了合规管理的义务，对犯罪行为不存在过错或者过失，员工在明知道涉案行为是犯罪行为且为企业所禁止的情况下，仍然为了个人业绩实施犯罪行为，则对该行为是否属于企业犯罪，企业有很大的抗辩空间和充分的抗辩理由，对企业起到了很好的刑事风险隔离作用。

以某药业公司涉嫌单位行贿罪案为例：

公诉机关指控：2009 年 8 月，被告人邓某被聘任某药业公司名誉董事长，全面负责该公司药品销售工作，并具体负责向某某镇等地中心卫生院销售中、西药品。为了能与卫生院继续保持药品供销关系并及时收付药品货款，邓某根据某药业公司销售提成的销售模式，按回收药品货款金额的一定比例分别向××中心卫生院院长杨某、范某等人贿送药品回扣。[1]

本案从表面上看，某药业公司的名誉董事长为了公司的销售业绩，实施贿赂犯罪行为，无疑符合单位犯罪的条件。但是，某药业公司制定了营销纲要，其中明文禁止营销人员给购药单位和个人进行送礼、行贿等商业行为，一经发现，公司就将终止劳动合同，法律责任均由营销人员自行承担。可见，该公司在制度上形成了禁止进行贿赂行为的合规文化，公司对商业贿赂行为作出了严厉的惩罚措施。名誉董事长邓某在销售药品过程中，将个人部分提成款向范某、杨某某等人以回扣、手续费的方式进行行贿，明显违

---

[1] 四川省南部县人民法院刑事判决书，(2016)川 1321 刑初 166 号。

反公司的营销纲要规定,违反公司合规文化,不宜认定为单位犯罪行为。

需要注意的是,合规文化的建设是一个复杂的过程,往往难以通过某一个举动证明企业拥有合规文化,证明抑制违规文化、鼓励合规文化,在企业行为与员工犯罪行为之间进行有效切割。合规文化对刑事风险的切割作用,往往需要结合各种因素、各种行为细节予以综合评判。

以某货运代理有限公司涉嫌走私普通货物、物品罪案为例:

某货运代理有限公司员工邓某在工作期间,在客户提出低价报关要求时,为了帮助公司挽留客户,在申报进口鲜花时,指使其手下报关人员制作虚假报关单证,向海关低报进口鲜花,其报关行为被某货运代理有限公司发现并予以制止,发现时已经低报价格进口鲜花80多票,偷逃应交税额共计人民币45万多元。某货运代理有限公司将邓某开除,但并未将此事主动向海关报告并补交税款。案发后,该公司及其总经理李某、涉案员工邓某都被指控涉嫌走私普通货物、物品罪。

本案的争议焦点在于:邓某的行为是否代表了公司的行为?涉案企业是否构成单位犯罪?公司的法定代表人李某是否构成犯罪?

起诉意见书认为,某货运代理公司总经理李某明知公司存在伪报进口行为违反国家法律规定,但并未将此事主动向海关报告并补交税款,存在放任走私的主观故意;邓某明知伪报价格进口货物违反国家法律规定,仍然伪造报关材料,以低报价格的手法走私进口鲜花,走私的主观故意明显。因此,某货运代理有限公司、李某、邓某的行为已经涉嫌走私普通货物、物品罪。

某货运代理有限公司及总经理李某辩解认为,本案事实非常明显,业务经理邓某为了迎合客户的要求,私自作出低报价格的决定,公司在走私犯罪行为发生且犯罪既遂后才发现,而后马上进行了调查核实,并立即停止了报关且将邓某开除。因此,某货运代理公司及李某及时制止了犯罪,不但没有犯罪,甚至没有过错。公司对于走私进口行为是明令禁止的,并以实际行动表明了公司的意志。因此,公司既没有犯罪的主观故意,也没有犯罪的客观行为,本案走私犯罪行为是邓某的个人犯罪行为,公司及李某都无罪,不应该被指控涉嫌走私普通货物、物品罪。

最终,法院认为,该货运代理公司作为单位犯罪主体,应对此承担相应的责任;李某虽然是该货运代理公司的实际控制人,对其公司负有管理职责,但是从现有证据来看,其公司实施的该单位犯罪行为,是由进口部经理邓某决定实施,李某事前、事中并不知情,没有起到策划、授意、批准、同意、组织、实施等作用,且其知情后停止了相应的走私行为,不应将李某认定为对该单位犯罪行为负有直接责任的主管人员,不需要为该单位犯罪承担刑事责任。

本案该货运代理有限公司只有开除邓某的一个举动,表明公司对走私行为的禁止态度,但只能切割总经理李某与邓某的犯罪责任,不足以切割企业与邓某的犯罪责任。主要原因在于,该公司没有一整套的合规培训、合规手册、员工手册、合规承诺书等证明企业合规文化的证据材料,并没有以成文的形式禁止员工实施走私行为等。如果有更多证据证明公司的合规文化,该公司不构成单位犯罪的依据将更加充分,公司无罪的可能性更大。

相反,在其他非常类似的案例中,由于涉案公司有一系列的规章制度,明确要求员工在办理申报业务时严格按照委托单位所提供的真实的数据和完整、有效的单证,准确、清晰地填制有关申报单,不能触犯国家相关法律法规和行业规范,不能向客户作出超出代理报关业务范围的承诺,由此证明员工的低报价格走私行为超出公司业务范围,违反公司的业务流程规定和合规文化要求,进而证明公司不需要承担刑事责任。

以某船舶代理有限公司涉嫌走私普通货物罪案为例:

公诉机关指控:2017 年 3~6 月,李某将其在国内采购的废钢铁,以每柜包税价 12,000 元的价格委托被告人梁某报关出口至境外。被告人梁某明知该包税价存在低报出口的情形下,仍然接受委托,并以每柜人民币不超过 11,000 元的价格再委托济某公司代理出口,以赚取差价。济某公司的老板黄某随后找到被告单位某船舶代理有限公司主管报关报检业务的商务部副经理被告人郭某代理报关,被告人郭某在明知废钢铁的国内大致采购价的情形下,仍然以明显低于正常价格800~1100元不等的FOB价向海关申报出口,并制作发票、装箱单等报关所需单证,以被告单位某船舶代理有限公司作为申报单位、以运某公司等公司作为发货人,向海关申报出口。在2017年5~8月,陈某接受科某公司报关负责人吕某的委托,以明显低于正常价格的包税价申报出口。陈某接受委托后,再委托被告单位某船舶代理有限公司副经理被告人郭某报关出口,被告人郭某在明知废钢铁的国内采购价的情形下,仍然以明显低于正常价格1000~1100元不等的FOB价向海关申报出口,并制作发票、装箱单等报关所需单证,走私出口废钢铁。公诉机关认为,被告单位某船舶代理有限公司和被告人梁某、郭某的行为均构成走私普通货物罪,应当追究其刑事责任。

被告单位某船舶代理有限公司作无罪抗辩,主要的抗辩依据是公司的合规相关资料。包括:某船舶代理有限公司关务收费标准报价单、出口报价单、报关报检管理制度与工作流程、AEO认证企业证书、制度公示照片、报关草稿、2017年1~12月委托报关明细表、2017年1月至2018年1月工资表和郭某2017年出口报关业务绩效表等。被告单位提交这些证据材料,拟证明本案的走私行为既不是单位集体研究决定的,也不是由单位的负责人自己或者授权他人决定的,郭某利用某船舶代理有限公司作为平台来收取违法所得,目的是谋取个人非法利益。郭某的违法行为超出了公司业务范围,违反了公司业务流程规定,属于其个人行为而非职务行为,其不是为了单位谋取不正当利益而作出的决定,违法所得大部分也并非归单位所有,本案不应当认定为单位犯罪,对某船舶代理有限公司不应以犯罪处理。

法院认为,某船舶代理有限公司不构成走私普通货物罪,主要理由在于:

其一,现有证据并不能够证实郭某有向某船舶代理有限公司领导汇报涉案的废钢业务系客户未提供价格资料而进行申报,某船舶代理有限公司也未就涉案废钢业务具体如何申报对郭某作出指示,某船舶代理有限公司对于郭某低报价格申报并不知情。

其二,被告人郭某只是某船舶代理有限公司商务部副经理,其所作决定并不能代表某船舶代理有限公司。现有证据不能证实某船舶代理有限公司有集体研究决定或有单位负责人授权郭某实施违反公司规章制度的违法行为,公司仅授权郭某从事正常的报关业务,对郭某低报价格帮客户报关并未授意,也不知情。

其三,郭某帮客户定价、私自买单后自制报关所需合同、报关单等资料提供给某船舶代理有限公司审核,某船舶代理有限公司所审核的资料完备,仅就单证主要内容的一致性进行审核,从形式要件审核并不能得知是否存在低报价格或是否如实申报。

其四,某船舶代理有限公司提供的报关报检管理制度与工作流程以及出口报关业务绩效考核实施方案证实,某船舶代理有限公司要求员工在办理申报业务时严格按照委托单位所提供的真实的数据和完整、有效的单证,准确、清晰地填制有关申报单;可以采用高于公司最低限价与客户达成协议,可以自主同客户签约然后交公司备案,与客户签约不能触犯国家相关法律法规和行业规范,不能向客户作出超出代理报关业务双方权利和义务范围的承诺。上述证据证实,某船舶代理有限公司虽然给予郭某从事报关代理业务的一般性授权,但该授权要求其不能触犯国家相关法律法规和行业规范,而本案中并无相关证据证实某船舶代理有限公司对于郭某低报价格帮助他人走私的行为知情而默许,其主观上没有帮助他人走私的直接或间接故意。[1]

该案中,法院认定涉案企业不构成单位犯罪的重要理由在于:企业员工犯罪行为与企业行为之间实现责任切割。企业对于低报价格出口的犯罪行为是不知情的;企业并没有决策、授权或者默许员工实施低报价格走私犯罪行为;公司根据员工提交的单证一致性进行审核,履行了审核的义务;而且,公司业务管理制度、工作流程、考核实施方案等制度明确规定了员工的合规义务。综合评估足以认定,员工明知低报价格出口的行为是走私行为,且明知公司禁止走私行为,明知员工有合规的义务,仍然为了获取更大利益,违背公司要求,实施走私犯罪行为,不能归咎于企业。

---

〔1〕 广东省佛山市中级人民法院刑事判决书,(2019)粤06刑初42号。

综上所述,企业通过主动刑事风险防范,能消除刑事风险的则消除刑事风险,能剥离刑事风险的则剥离刑事风险。由于各种实际情况无法消除或剥离的刑事风险,则需要通过调整经营架构、业务模式、人员设置和审批权限,建设合规文化等各种手段切割。该刑事风险防范措施的目的,实际上就是企业掌握出罪抗辩事由的主动权,为未来可能发生的刑事风险预设出罪理由。

司法实践中,无论是主观上还是客观上,完全消除刑事风险对企业来说是不可能的。剥离刑事风险与切割刑事风险,往往是企业刑事风险防范的主要诉求,这也是大多数企业在特定法治环境、营商环境下的不二选择。虽然企业没有积极实施犯罪行为,但其既想获得更多的业务收益,又想避免因其他人员违法犯罪行为带来的法律后果,这是企业逐利本性的表现,是经营者的本能表现。这就注定了剥离刑事风险和切割刑事风险是企业风险防范整改措施中更受青睐的选项。

从刑事归责原则的角度,犯罪的名义、利益的归属、犯罪意志的整体性,是认定企业是否承担刑事责任的重要依据。从刑事诉讼角度,刑事犯罪发生后,司法机关拥有认定公司是否涉嫌犯罪的权力,企业毕竟与刑事犯罪相关,能否避免刑事风险,还需要妥善应对刑事危机和进行充分有效的刑事辩护。

(四)进行危机处置

切割刑事风险是预防员工个人犯罪行为导致企业承担连带刑事责任的防范措施,在犯罪发生前对未来可能发生的犯罪做抗辩准备。为充分切割刑事风险,对企业经营过程中已经发生的刑事犯罪行为,在司法机关尚未启动对企业的刑事追责程序时,企业意识到了存在刑事风险,就需要进行刑事危机处置,此举可以作为刑事抗辩非常重要的理由。刑事危机应对,就是为企业做好应对刑事指控的抗辩准备。这个阶段的危机处理时间很短,需要在辩护经验的指引下迅速采取措施。

在发生员工违法犯罪行为时,公司的态度非常直接地反映了公司的合规文化。公司对违法犯罪行为的态度,是评估公司刑事风险防范体系是否有效的重要依据，对评判企业刑事责任有重大影响。企业默许、纵容、追认员工的违法犯罪行为，会让企业直接面临刑事风险。如果企业对员工的违法犯罪行为表示了明确反对，并且采取补救措施，就可以为企业进行抗辩争取充分的空间。

以某实业有限公司涉嫌销售伪劣产品罪、假冒注册商标罪案为例：

某实业有限公司的销售员卞某以某实业有限公司名义与客户公司签订《钢铁产品购销合同》，约定某实业有限公司向客户公司销售某品牌某型号的钢材。员工工资由底薪加利润提成40%组成。为了提高利润，获得更高的收入，卞某实施了销售伪劣产品、假冒注册商标的行为。由于该实业有限公司迟迟未收到其中一批钢材货款，于是该实业有限公司负责人孙某和销售员卞某到客户公司了解情况，客户公司反馈发现了以次充好、假冒注册商标的情况。该实业有限公司此时才发现，其销售员卞某在代表公司销售产品、履行合同过程中实施了销售伪劣产品和假冒他人注册商标的犯罪行为。

在该案中，客户公司随时可能报案，涉案企业随时面临巨大的刑事风险。在此危急关头，涉案企业如何处置，就体现出公司对犯罪行为的态度、体现出公司的合规文化、体现出公司刑事风险防范体系是否有效运行，进而影响公司的刑事责任认定。涉案企业的法定代表人、主要负责人和销售员卞某马上到客户公司协商处理，表明对销售员私下擅自实施的犯罪行为不知情，并赔偿客户的损失。

据此，法院认为，无论是某实业有限公司负责人孙某的证言、被告人卞某的供述还是公司其他员工的证言等，均不能证明涉案犯罪行为的实施系由单位的决策机构按照单位的决策程序决定或者系由职权负责人决定；也均不能证明卞某所在单位某实业有限公司“知情或明知”。因此，卞某擅自决定以次充好销售伪劣产品以及假冒注册商标商品的行为，不能体现单位的整体意志，依法应属其个人犯罪，某实业有限公司不构成单位犯罪。[1]

---

〔1〕 江苏省泰州市中级人民法院刑事判决书，(2014)泰中知刑初字第00013号。

以某医药公司涉嫌虚开增值税专用发票罪案为例：

该医药公司的法定代表人将公司医药批发经营权和管理权承包给樊某和夏某经营，收取固定的承包收益，后任命樊某和夏某分别为公司的总经理和副总经理。樊某和夏某在日常经营中合谋，以医药公司的名义，向他人虚开增值税专用发票，从中以票面额8%~10%的比例向他人收取开票报酬；让他人为某医药公司虚开增值税专用发票263张，以票面额4%左右的比例向他人支付开票费用，从中非法获利。

该案的争议焦点在于，涉案医药公司是否构成单位犯罪？

法院认为，某医药公司没有犯罪的主观故意，不构成单位犯罪。重要的裁判理由在于：案发前，某医药公司法定代表人发现公司经营情况异常后，随即召集樊某、夏某及公司其他管理人员召开会议，并就营业收入出现增长异常问题向樊某、夏某二人进行质询，樊某表示是公司业务正常拓展，并欺骗某医药公司没有从事非法活动。某医药公司法定代表人在公司大会上还主动提出，邀请税务机关对本公司的税务状况进行核查。以上行为表明，某医药公司不具有积极追求犯罪行为发生的主观故意。[1]

四、切割刑事风险的防范效果

刑事风险防范体系本身就是一个预防、发现和制止企业违法犯罪行为、避免刑事责任的企业内控系统。企业主动建立刑事风险防范体系，从切分刑事风险的效果看，刑事风险切割的措施其实是在具体实施犯罪行为的员工与其他管理人员、企业实际控制人以及企业之间设置刑事风险防范的多层“防火墙”，让企业最大限度地远离刑事风险。

（一）保护企业

企业作为一个独立的法人，具有独立的行为和意志。企业主动建立完善的刑事风险防范体系，将合规制度贯彻于企业的组织架构、规章、员工手

〔1〕 甘肃省高级人民法院刑事裁定书，（2018）甘刑终207号。

册、企业文化,将合规要求渗透到企业员工的日常行为规范中。员工的犯罪行为不仅违反法律规定,同时也与企业的合规制度相违背,该行为不仅没有得到单位的鼓励、教唆、纵容、默许,还会受到单位的严厉惩罚。此时,该犯罪行为没有体现单位的意志,企业对于员工的犯罪行为没有罪过,不应该为员工的犯罪行为承担企业犯罪的刑事责任。一旦根据企业文化认定企业自身的"人格"或者文化当中不具有产生、促进或者默许企业员工违法犯罪行为的因素,则企业不仅可以被减轻或者免除处罚,而且不用对其组成人员的行为担责,即便企业员工有罪,企业本身也无罪。[1]

(二)保护实际控制人

若企业不构成单位犯罪,则实际控制人也不会成为主要责任人员承担刑事责任;将实际控制人与其他管理人员、员工的犯罪行为切割,也可以避免实际控制人为其他员工的行为承担责任。

(三)保护其他管理人员

企业建立刑事风险防范体系,让所有业务经办人员、各级管理人员、实际控制人权责清晰。一旦员工行为涉及刑事犯罪时,就可以很快锁定负有管理责任的人员,避免其他管理人员也承担刑事责任。

以雀巢公司员工侵犯公民个人信息案为例:

雀巢(中国)公司的西北区婴儿营养部市务经理、兰州分公司婴儿营养部甘肃区域经理、雀巢兰州分公司婴儿营养部员工被告人杨某甲、李某某、杜某某、孙某,为了帮助雀巢公司抢占市场份额,推销雀巢奶粉,通过拉关系、支付好处费等手段,多次从兰州大学第一附属医院、兰州军区总医院、兰州兰石医院等多家医院医务人员手中非法获取公民个人信息,数量分别达到几万条,相关员工被追究刑事责任,但雀巢公司并未被追究单位犯罪的刑事责任。

该案中,雀巢公司通过雀巢指示、关于与卫生保健系统关系的图文指

[1] 参见黎宏:《合规计划与企业刑事责任》,载《法学杂志》2019年第9期。

引、在线测试成绩、测试卷、关于在高风险国家与医务专业人员和医疗保健机构交往的指示等一系列制度组成完善的刑事风险防范体系,在企业责任与员工个人犯罪行为之间建立了有效的“防火墙”。员工“顶风作案”,依然非法获取公民个人信息的犯罪行为,违背了公司的意志,违反了公司的合规制度,不应将责任归咎于单位。因此,虽然员工以公司名义购买,公司也能获益,但公司既没有亲自实施侵犯公民个人信息的行为,也没有鼓励、帮助、教唆、赞同、接受员工侵犯公民个人信息的行为,不存在犯罪的主观意图,不构成单位犯罪。〔1〕

以某医药公司涉嫌虚开增值税专用发票罪案为例:

该医药公司的法定代表人将公司医药批发经营权和管理权承包给樊某和夏某经营,收取固定的承包收益,后任命樊某和夏某分别为公司的总经理和副总经理。樊某和夏某在日常经营中合谋,以医药公司的名义,向他人虚开增值税专用发票,从中以票面额8%~10%的比例向他人收取开票报酬;让他人为某医药公司虚开增值税专用发票263张,以票面额4%左右的比例向他人支付开票费用,从中非法获利。公诉机关指控该案系某医药公司的单位犯罪,法院判决该医药公司不构成单位犯罪,检察院提出抗诉。

在该案中,涉案虚开增值税专用发票的犯罪行为,虽然是公司的总经理和副总经理以公司的名义开具或者以公司的名义让他人开具,但是,承包经营协议中明确约定承包人必须依法经营,照章纳税。此举无疑为某药业公司与承包人之间建立起有效的“防火墙”,让承包人的犯罪行为难以归咎于公司。最终,裁判认定某医药公司没有犯罪的主观故意,不构成单位犯罪。〔2〕

需要注意的是,企业刑事责任的认定需要对制度、文化、业务流程、决策程序、主体名义、利益归属等各方面的因素进行综合评判,每一个整改措施都能增加刑事风险防范的效果,增加企业抗辩的空间和抗辩理由。但企业

---

〔1〕 参见陈瑞华:《合规视野下的企业刑事责任问题》,载《环球法律评论》2020年第1期。

〔2〕 甘肃省高级人民法院刑事裁定书,(2018)甘刑终207号。

刑事风险防范并不是通过某一项整改措施就能够充分实现的，刑事风险防范的措施越多、越丰富，企业刑事风险防范的效果就越好，抗辩的成功率就越高。企业基于“临时抱佛脚”的心态，寄希望于某一项整改措施规避刑事风险，是比较困难的。

案例>>>

杨某等人涉嫌集资诈骗罪案

杨某所经营的网络平台存在大量的刷单行为，会员大部分通过刷单获取高额补贴，导致平台资不抵债，只能依靠会员刷单支付的资金维持运营。后网络平台无力支付补贴，会员无法提现。部分会员向公安机关控告杨某等人非法集资，杨某等人面临重大的刑事风险。意识到刑事风险后，杨某等人向公安机关报案，表明其公司禁止刷单，还提交了《会员手册》《平台补贴政策》《平台补贴最新政策》《各级负责人制度》《关于第四季度补贴和××××年规则调整通知》等文件，证明杨某及公司从来没有纵容、默许、鼓励会员刷单，一直以来坚守合规经营的理念，但公司的网络平台上有人恶意刷单骗取公司补贴，导致公司出现巨额经济损失，涉嫌诈骗犯罪。公司已报案，希望公安机关刑事立案侦查，打击刷单行为，帮助公司挽回经济损失。

然而，该报案行为不仅没能表明公司禁止刷单的合规经营状况，反而引发了更多平台会员进行集体维权。案发后，公安机关迅速介入调查，对杨某等人以涉嫌集资诈骗罪刑事立案。在侦查过程中，同案人及大量会员都作证，杨某及公司实际上鼓励、纵容、默许会员通过购买“小号”、外挂软件等方式提高刷单量，以增加公司的经营流水，通过这种方式吸引众多平台会员向平台投资资金，杨某等人的行为已经属于明显的“高息揽储”行为。可见，刑事风险防范工作未落实，寄希望“临时抱佛脚”来防范刑事风险，应对刑事危机，显然难以奏效。

第六章
CHAPTER 06

刑事风险防范的流程和内容

第一节
刑事风险防范的实操概况

刑事风险防范是企业未雨绸缪的一项措施，其解决的是未来企业刑事风险的防范问题。实践中，并不是所有的企业都会意识到其亟需防范未来的刑事风险，能主动进行刑事风险防范整改的企业主要是曾经遭遇过刑事风险的企业。刑事风险防范和刑事辩护密切相关，本质上是为企业未来可能面临的刑事风险提前做的辩护准备，是辩护工作的预防性前置，他们曾遭遇刑事风险，才意识到辩护工作前置的重要性。

一、刑事风险防范的客户

企业能够在尚未案发，司法机关尚未介入时，主动进行刑事风险防范整改，是不多见的。对于企业而言，刑事风险防范不仅意味着经营成本的增加，而且意味着业务拓展的"受限"。大部分企业由于各种原因都不会选择付出成本、束缚日常经营活动来建立刑事风险防范体系。根据笔者的经验，选择刑事风险防范的客户主要有以下四大类。

（一）经历过刑事风险的客户

客户只有经历过刑事风险，才会切身体会到刑事犯罪对其个人、对企业的致命"杀伤力"，意识到刑事风险防范对其个人和企业的重要意义。于是，他们才有可能痛下决心，主动对企业进行刑事风险防范整改。这类客户，往往是我们提供刑事危机处理服务或者提供刑事辩护的客户，“一朝被蛇咬，十年怕井绳”，我们提供完刑事危机处理服务或者刑事辩护后，他们委托我们继续对企业刑事法律风险进行仔细梳理，提供刑事风险的消除或隔离方案，配合企业进行刑事风险防范整改，为企业后续的刑事风险防范提供有力的保障。

以某通讯行业上市公司刑事风险防范整改案为例，该公司此前发生过几次刑事风险危机，都在实际控制人及辩护律师的帮助下侥幸获得办案机关的从宽处理，上市公司及其主要负责人被免予追究刑事责任。但在经历多次刑事风险后，公司实际控制人意识到这并非长久之计，公司必须进行刑事风险防范整改，避免接下来某一次遭到刑事调查时，公司及其实际控制人被追究刑事责任，对上市公司产生重大不利影响。于是，公司委托我们作为合规顾问协助他们进行刑事风险防范整改。

（二）刑事风险高发的客户

这类客户所经营的业务本身具有很高的犯罪风险，罪与非罪的界限并不十分清晰，企业自身需要刑事律师帮助他们区分罪与非罪，为他们划定业务行为的边界，最大限度地防范刑事风险，因此进行刑事风险防范整改。例如，各种类型的网络科技公司（平台公司），通过吸收会员，从会员之间的交易或者会员与平台的交易中获得收益，平台为了扩大市场，会给予会员额外的奖励、补贴、返利等。此类网络科技公司（平台公司）很容易产生刑事风险，诸如非法吸收公众存款罪，集资诈骗罪，诈骗罪，组织、领导传销活动罪，帮助信息网络犯罪活动罪，等等。部分经营者在研发网络平台或者网络平台刚上线时，就意识到刑事风险防范的重要性，于是就会委托有经验的刑事律师作为顾问，协助他们建立刑事风险防范体系，厘清罪与非罪的界限，帮助他们防范企业的刑事风险，防止投资、经营行为产生刑事风险。

（三）意识到刑事风险的客户

部分企业由于其生产经营活动涉及犯罪，已经意识到可能存在刑事风险，或者意识到已经有被害人对公司和涉案人员提出刑事控告，虽然公司还没有被刑事立案,涉案人员还没有被采取强制措施。此时,公司及涉案人员也可能想让刑事律师介入,主动防范刑事风险,并进行一系列合规整改,帮助他们最大限度地防范刑事风险。

(四)其他主动合规的客户

还有部分企业刑事风险防范的意识比较强,虽然其还没有涉及刑事风险,但为了稳妥起见,主动聘请有经验的刑事律师,进行刑事风险防范整改,建立刑事风险防范体系,以最大限度地防范企业的各种刑事风险。在刑事风险"险情"尚未出现的情况下,就主动进行刑事风险防范整改的情形相对少见。

二、刑事风险防范的特点

企业进行刑事风险防范整改能够为企业后续应对刑事风险留下充分的抗辩空间和证据材料。企业主动进行的刑事风险防范整改,具有企业自主性、防范前瞻性、合规彻底性的特点,刑事风险防范的效果比较好。

(一)企业自主性

企业刑事风险防范的动力来自两方面:市场驱动和监管驱动。"市场驱动"是指企业迫于市场竞争压力,为了避免因自身不合规行为而丧失商业机会,从长远发展考虑而主动开展合规建设。"监管驱动"是指企业面临法律及监管层面的压力,担心受到法律和监管机构的处罚,从而主动进行公司合规建设。[1] 刑事风险防范是在违法犯罪行为案发前,企业积极主动,通过刑事风险排查、整改,提前防范企业的刑事风险,企业处于积极推动的状态,则刑事风险防范整改能更顺畅落实,合规整改的过程没有外部的监督、考察、评估、验收等,企业具有完全的自主性。

(二)防范前瞻性

在企业被追究刑事责任前,甚至违法犯罪行为曝光前,就开展刑事风险排查、整改,建立刑事风险防范体系,对刑事风险的防范具有明显的前瞻性,而不是东窗事发后才被动介入应对刑事危机、应对刑事调查。将辩护工作提前到案发前,为后续辩护提供了充分的抗辩空间和证据材料,刑事风险

---

〔1〕 参见尹云霞、李晓霞:《中国企业合规的动力及实现路径》,载《中国法律评论》2020年第3期。

防范的前瞻性意味着防范的效果会更好，更能实质性地帮助企业最大限度地防范刑事风险。

（三）合规彻底性

企业主动进行刑事风险防范，是企业真心实意进行合规经营、防范刑事风险而采取的举措。由资深刑事律师指导，通过对企业各项业务行为的刑事风险点进行排查、识别，实施合规培训、企业架构调整、审批流程调整、风险部门剥离等各种措施，无疑可以更加彻底地剥离、防范刑事风险，对公司、实际控制人及其管理人员的刑事风险防范效果会更好。

三、刑事风险防范的属性

虽然刑事风险防范整改并非刑事诉讼行为，带着非诉讼的业务特点，但与刑事辩护有密切关系，离不开刑事律师的辩护经验。从刑事辩护到刑事风险防范，实质上是刑事律师将刑辩经验用于审查、识别、防范企业的刑事风险，为企业设置一整套防范刑事风险的合规体系。

刑事风险防范本质上是为企业未来可能面临的刑事风险提前做的辩护准备，是辩护工作的预防性前置。刑事风险防范体系就是为企业未来可能涉及的刑事风险，预留的刑事辩护空间和依据。脱离刑事辩护经验建设的刑事风险防范体系很难起到实质性的抗辩作用。

刑事风险防范业务也需要借鉴非诉讼律师的诸多经验要求，包括草拟制度、文书制作与企业相关人员的沟通等，这些工作按照刑事辩护的逻辑和习惯来进行显然是行不通的。协助企业防范刑事风险的律师，需要兼具刑事辩护经验和非诉经验，兼具这两种经验的刑事律师来主导企业的刑事风险防范排查、整改，可以设计出更加实用的刑事风险防范体系，让企业刑事风险防范体系在应对刑事风险时更能发挥出抗辩效用。

第二节
刑事风险防范的流程和内容

企业进行刑事风险防范整改，流程和内容主要包括六大方面：召开合规启动会、进行合规尽职调查、评估企业刑事风险、确定风险防范整改方案、逐一落实风险防范整改方案、持续优化企业刑事风险防范体系。

一、召开合规启动会

启动会对企业刑事风险排查、整改有重要意义。刑事风险防范往往并不涉及具体的犯罪案件，不需要进行犯罪成因检讨等内容，也不需要对涉案人员进行内部处罚。刑事风险防范整改的启动会侧重点在于：扫清公司合规整改的障碍，减轻合规整改的阻力。企业刑事风险排查、整改往往需要对企业的业务、组织架构、人员安排等作出较大调整，无论是尽职调查的资料收集、对相关员工的访谈、职责权限划分，还是业务模式调整等具体合规整改措施的落地，都需要企业上下全体员工的密切配合。因此，在项目开始前，顾问律师需与公司实际控制人、中高层管理者、员工召开项目启动会，宣讲刑事风险防范的重要性、企业及其实际控制人进行刑事风险排查、整改的决心，确保企业在项目推动过程中能够做到全力配合。

（一）合规启动会的意义

部分企业进行刑事风险防范整改时，对于刑事风险排查、整改启动会的召开心存疑虑，认为大张旗鼓开展企业刑事风险防范项目，会给员工、供应商、合作伙伴、外界一种企业存在较大刑事风险的感觉，可能产生“此地无银三百两”的质疑，导致公司股价波动，影响员工的稳定，最终影响企业的日常经营活动，得不偿失。基于此，部分企业管理人员希望能够悄悄地开展刑事风险排查、整改，不需要启动会等合规宣讲。其实，从理论上，召开刑事风险排查、整改启动会利大于弊。

其一，开展刑事风险排查、整改，并非意味着企业存在较大刑事风险，企业合规长期以来已经有比较成熟的理论和实践，企业刑事风险排查、整改，是企业合规的重要组成部分。我国几年前也已经开始自上而下的企业合规整改，企业合规已经是非常热门的话题，不至于给外界一种企业存在较大刑事风险的错觉。

其二，刑事风险防范体系对企业是加分项，是企业树立良好形象的方式,能帮助企业向外界树立一种更加合法合规的正面形象。具备刑事风险防范体系的企业,更可能获得商业伙伴的认可,为企业赢得良好的声誉和信任,从而帮助企业获得更多的商业机会、增加在人才招聘等方面的竞争优势。

其三,整改启动会或者刑事风险防范宣讲,对企业合规文化建设尽责证明作用有重要意义。从企业的角度,合规启动会往往是企业建设合规文化的正式起点,有助于树立企业合规形象,协助企业内部建立合规文化。合规启动会作为正式的培训会议,也宣示着公司合规整改的正式启动。从员工的角度,员工参加合规启动会或者合规宣讲,本身是企业履行合规监管义务的表现,是企业合规文化建设的重要组成部分。员工参加合规启动会或者合规宣讲的记录,可以在发生违法犯罪行为时,作为企业是否承担法律责任的抗辩证据。

(二)合规启动会的内容

第一,介绍刑事风险防范的基本概念。在合规启动会中,合规顾问律师需要向员工全面介绍企业刑事风险防范的基本概念、基本知识,企业风险防范和业务经营的关系等。

第二,宣讲刑事风险防范的必要性。向员工宣讲为什么要进行企业刑事风险排查、整改,进行刑事风险防范整改的意义和重要性是什么。使员工明白进行企业刑事风险防范排查、整改既是企业自身合规经营、稳健发展的必要,也是企业及员工应对外部监管需求、防范法律风险的需要;不仅关于企业的利益,也关乎员工的个人的切身利益。

第三,讲解如何开展刑事风险排查、整改工作。企业进行刑事风险防范整改前,员工并不了解刑事风险排查、整改是怎么推进的,具体需要做哪些事情,对他们会产生什么影响,他们需要如何参与,他们有哪些职责义务,等等。

第四,详细介绍刑事风险防范的整改计划。明确向公司员工介绍刑事风险排查、整改的整体方案、安排,每一个阶段需要做的具体工作,包括每一项合规整改的内容、人员、进度、需要各部门配合的要求等,[1]有助于后续

[1] 参见李素鹏、叶一珺、李昕原编著:《合规管理体系标准解读及建设指南》,人民邮电出版社2021年版。

顺利推进企业的整改。

二、进行合规尽职调查

在刑事风险排查、整改中,首先要对企业进行尽职调查。企业刑事风险排查、整改的前提,是对企业高发犯罪的成因进行研讨分析,准确识别企业的高发刑事风险点,为制定具有针对性的刑事风险排查、整改措施做准备,而识别刑事风险点的主要手法就是尽职调查。能否对企业进行有效的尽职调查,很大程度上影响企业刑事风险的排查与整改效果。

(一)尽职调查的目的

合规顾问律师进行尽职调查,既需要通过对高发犯罪成因的检讨分析,发现公司的刑事风险点,锁定公司组织架构、经营管理制度、业务流程等方面存在的漏洞,还需要充分了解企业的经营模式,充分评估企业经营模式、经营行为各个环节可能面临的高发刑事风险,还要评估该企业是否可能杜绝该犯罪行为,作为进一步进行刑事风险排查、整改的基础工作。“合规尽职调查的主要内容包括对方企业的性质、背景、因违规违法被处罚的经历、面临的风险点和重点风险领域,以及该企业现有的合规框架结构是否能有效防范风险。”[1]

在分析企业高发犯罪原因、寻找刑事风险点时,要避免模板痕迹,务必结合企业实际经营情况,充分运用企业犯罪的案卷材料,扣紧涉案犯罪行为的真实发生经过以及同类企业的相关犯罪。这样的高发犯罪成因、刑事风险点分析才具有说服力。

以某公司涉嫌走私普通货物罪刑事风险排查、整改案为例:

该公司因为涉嫌走私普通货物罪被追究刑事责任,为公司长远发展,该公司实际控制人、高级管理人员拟对公司的刑事风险进行全面排查、整改。那么,该公司进行刑事风险防范,首先要对过往犯罪的成因进行深度分析,找出企业合规经营的薄弱环节、刑事风险的高发环节、具体原因。经过

[1] 陈瑞华:《企业合规的基本问题》,载《中国法律评论》2020年第1期。

尽职调查,该公司涉嫌走私犯罪,可以从两个层次分析:

表层原因是,该公司进口报关业务流程存在重大缺陷,事前审批及事后监督在各个环节均有缺失;业务流程太简单、审批缺失、单证交接与管理混乱;公司的管理制度存在严重缺失和不足,缺乏法务、合规等专职监督部门,未建立合理、完善的监督、决策机制,没有配套运行的合规保障违规问责制度;公司缺乏事前风险防范、事中风险识别和事后违规处置机制,导致其无法对管理层的审批权力和业务员的操作权限形成制约,对违法违规行为导致的严重后果也无法实施及时、有效的补救,难以避免走私等犯罪行为的发生;等等。

深层原因是,企业的实际控制人及部分员工缺乏对法律的敬畏之心。该公司此前涉嫌的走私犯罪中,货主因进口某产品委托公司报关,报关时客户提供原始货物资料和改低价格的报关假发票给公司业务员,由公司报关部主管许某安排制作虚假报关单证向海关申报进口。经许某请示执行董事李某后,李某同意按照客户的要求以改低后的价格进行报关。可见,企业明知客户想要低报价格走私而仍然同意,并配合制作虚假报关单证向海关进行申报走私。业务流程过于简单、混乱,缺乏事前风险防范、事中风险识别和事后违规处置机制,员工法律意识淡薄、合规意识缺乏等,虽然都是犯罪的重要原因,但不是根本原因。该公司犯罪的根本原因,是该公司实际控制人及员工已经知道低报价格涉嫌走私犯罪仍然明知故犯,为了追求利益而直接帮助实施犯罪行为,缺少对法律的敬畏之心。

充分剖析企业过往犯罪的成因、潜在高发犯罪风险点等,就是尽职调查的重要目的,后续企业的刑事风险防范整改才有针对性。顾问律师对企业深度了解基础上,所提出的整改防范才更可能获得企业实际控制人的信服。

(二)尽职调查的方法

刑事风险防范的整改目的明确、针对性很强,就是针对企业的高发刑事风险点进行整改,避免发生类犯罪风险,即便未来发生了刑事风险,也能为企业及其实际控制人、高级管理人员争取到辩护空间。因此,尽职调查除了需要了解公司股权架构、组织架构、经营资质、主营业务、公司各部门主要成员等基本信息、企业已有的各项规章制度外,还需要了解其他相关内容和素材。如企业及员工此前已经有相关犯罪记录,则过往犯罪的相关材料是企业进行刑事风险防范排查、整改的重要尽职调查素材,包括刑事案卷材料、与犯罪行为相关的内部资料、刑事风险所涉业务的公司资料等。实际上,刑事案卷材料已经是侦查机关对企业犯罪做的"尽职调查",是顾问律师的重要尽职调查素材。如企业及员工此前还没有相关犯罪记录,刑事案件尚未案发,只是存在刑事风险,则没有刑事侦查案卷材料,合规顾问律师需要通过自己的经验,付出更多的时间、精力,才能作出适格的尽职调查报告。

1. 了解公司经营概况

尽职调查的目的是了解企业的真实运作情况,评判企业的刑事风险点,那就需要收集企业已有的制度情况,包括企业已经形成、制定的所有规章制度,先从制度、架构、文件中全面了解企业。合规整改需要考虑企业的实际情况,帮助企业建立符合实际情况的合规体系。合规体系需要结合公司以往的规章制度,吸收以往规章制度的内容或者在以往规章制度中增加合规的相关内容。合规顾问律师将尽职调查所需要的资料全部整理列成清单,让企业收集、整理、提供。具体如下。

(1)主体信息资料。

公司的基本情况,包括:公司的章程、营业执照;股权架构、实际控制人、股东、监事、管理人员的名单及任职资料;公司已经取得的相关经营资质、登记备案文件、许可文件等;公司所获得的荣誉、表彰等;公司关联企业主营业务、组织架构、关联关系等关联企业的基本情况。以便对企业的经营架构、股权架构等进行梳理,为设立企业合规体系做基础调查工作。

(2)管理模式。

管理模式包括企业及其各子公司、分公司的组织架构资料;各董事、监事、高级管理人员、各部门负责人的职责权限表或者岗位职责表,以此了解企业的基本人员和职责架构,分析企业现行的权力、责任分配机制。为评估刑事风险,调整业务模式、人员结构、审批权限等,做好基础事实的调查工作。

(3)业务资料。

了解包括企业及各子公司、分公司的所有业务范围,尤其要了解企业的主营业务,进一步研究该业务领域所面临的刑事风险发生环节、犯罪手段、犯罪后果及相关案例,进而为该业务领域的刑事风险防范做专项的研究和设计。

(4)财务制度。

财务制度包括企业的账户(公账、私账)使用情况;企业的现金收取、保管、支出情况;企业的费用借支、报销流程、审批情况;企业的礼品、招待制度及相关的审批权限、审批流程。由此审查企业的现行财务制度,反映企业对现金、贷款、费用、招待等项目的出入账管理情况,评估企业财务制度是否存在无凭证出账、虚报费用出账、虚假发票等风险情况。

(5)产品研发管理制度。

结合相关产品信息,相关行业的行业规范、行业惯例、行政规定,对其中可能涉及的知识产权、商业秘密、电子数据、生物遗传信息、公民个人信息、反不正当竞争、反垄断等进行分析,详细了解企业产品的研发过程、研发管理制度及相应法律法规。

(6)市场开拓制度。

企业的市场开拓、品牌推广等业务行为往往是刑事风险的高发领域。尤其是企业的招投标制度,对外招标时容易滋生内部腐败风险,对外投标时容易滋生串通投标及贿赂犯罪风险。通过调查了解企业招投标领域、各部门的运作情况,企业参与的招投标项目情况,对外参与招投标的流程、权限,招投标文件的版本,从立项、审批到招投标、最后项目运作的全流程及相关审批权限,招投标资金出入的审批流程、权限等,审查企业招投标过程是否合规、是否存在刑事风险。

(7)采购制度。

调取企业的采购制度文件、采购合同版本、采购流程(需求提出、审批、适用、签订合同等相关采购流程的资料)、采购资金流出审批权限等资料,以及企业全部供应商的情况（供应商的名称、供应的物品、相对应采购人员的名单、历年采购单情况），审查企业采购流程监管是否完善，容易滋生哪些类型的犯罪行为。

（8）资产情况。

调取企业的重大资产资料，包括房产、车辆、机器设备等，以及相关资产的购买、出卖、租赁等合同文件，审查企业资产处置过程是否规范、合理，是否存在内部腐败的刑事风险，如资产低价卖出、高价买入、低价出租等。

（9）劳动人事制度。

调取企业的花名册、员工手册、员工社保记录、保密协议、劳动合同、亲属关系申报表等一整套的员工入职资料；招聘标准、招聘流程、劳动合同模板，公司股东、董事、监事、高级管理人员、各部门负责人的亲属在集团及关联企业任职情况等资料，据此审查员工内部是否存在腐败的风险。

（10）业务审批流程。

通过调取企业的 OA 系统相关流程表等相关流程审批资料，了解企业各项目在公司中的审批权责分布以及各层级管理人员的审批权限。为划清企业管理人员管理权限及完善公司各层级领导审批权限和职责做准备。

（11）企业诉讼、仲裁、行政处罚记录等材料。

企业诉讼、仲裁、行政处罚记录等材料包括企业曾经遭受的行政处罚、行政主管部门的整改通知等文件以及企业进行仲裁的有关材料，公司涉及民事诉讼、行政诉讼等的诉讼材料。

（12）员工所涉及与企业有关的诉讼情况。

在企业员工层面，部分诉讼与企业有关，但企业没有成为诉讼主体，这些员工的诉讼资料，合规顾问律师也有必要审查。

需要注意的是，合规顾问律师进行合规整改尽职调查时，往往不需要调取上述全部的档案资料，而应当根据企业的刑事风险点、企业合规整改诉求等情况，有针对性地向企业调取其中一部分，充分考虑调取相关档案材料的针对性和必要性，避免给企业造成不必要的负担。

2. 对员工的深度访谈

刑事风险防范的尽职调查访谈内容相对复杂，对高级管理人员及企业各部门负责人、关键部门员工、刑事风险高发环节员工进行访谈，既要了解企业的已有规章制度，又要通过他们仔细了解企业的实际运作情况、关键部门的实际运作情况，还要听取他们对企业存在法律风险的分析意见。让员工知无不言、言无不尽，才能通过访谈了解企业存在的真实刑事风险，以及作为企业员工，他们对企业、部门、个人刑事风险防范措施的建议或想法，为后期合规整改听取“民意”，让后期合规整改措施更加符合公司实际经营情况，也可以提高员工对后期企业合规整改措施的接受度。

（1）了解企业真实运作情况。

企业骨干成员对企业实际运作情况往往非常了解，企业实际运作和规章制度是否有出入，他们最清楚。他们对企业、业务部门和员工面临的风险也有较深刻的体会，对企业是否需要整改、如何整改，他们往往最有想法。合规顾问律师仔细倾听他们的讲述，对于了解企业的真实运作情况和如何合规整改，有很大的助益。如果他们抗拒访谈，对业务实际运作情况缄默不言，就如同刑事侦查无法获取证人证言和当事人供述一样，那么了解企业真实运作情况是举步维艰的。

（2）了解企业的刑事风险。

合规顾问律师从企业纸面上的规章制度中难以发现企业的刑事风险。毕竟，纸面上的规章制度往往是规范的，却不一定是企业真实运作情况。例如，对于招投标流程，企业的相关文件中一般都规定得非常规范，从文件材料上很难看出企业的刑事风险，但通过对公司项目经手人员的访谈，了解企业招投标的实际运作流程，对企业招投标部门、招投标项目的刑事风险就能有更加准确的判断。又如，对于公司资金审批，仅从财务凭证上，往往看不出高发刑事风险的资金审批情况，合规顾问律师只能通过对业务员、财务人员的深度访谈，才可能了解企业的真实财务审批流程、权限。

例如，在日某公司刑事风险防范整改案中，该公司高发的刑事风险是串通投标罪和单位行贿罪，为了充分了解公司的业务流程、刑事风险可能发生的节点、可能案发的原因，以及按照当前业务模式可能面临刑事风险的人员，我们让公司从“市政业务”“经销业务”“直销业务”三种业务中各挑选几个代表项目，将其中的业务合同资料、审批资料、财务凭证、各环节经手人员信息等整理一套给我们审查。

我们审查后发现，从流程文件、制度上看，该公司的经营情况是非常合规的，完全不存在串通投标和单位行贿的刑事风险，每一项出账都有正当的事由，包括居间服务合同、发票、请款单等。然而，这只是公司纸面上的经营情况，我们通过对业务员的深度访谈，发现所谓的居间服务合同及其对应的发票、请款单，只是公司出账的名义，实际上有一部分业务中，这些钱有可能与贿赂有关。我们又继续与财务人员进行深度访谈，了解这些可能与贿赂有关的合同、资金审批权限，财务凭证显示，只要子公司负责人最终审批即可，无须集团的实际控制人审批。然而，财务人员告诉我们，实际上这些非正常业务的费用审批，都有纸质材料递交到集团的实际控制人审批，只是业务员、财务部门都不会保管这些纸质审批材料，审批结束后，相关纸质审批材料全部回收，因此集团层面的审批"无痕"，可以说"没有审批"。这是当前公司的真实审批情况，也是当前公司刑事风险防范的措施。显然，这完全不足以防范企业刑事风险，这只是掩饰刑事风险而已。合规顾问律师想了解公司的实际经营情况，只通过文件资料审批，是远远不够的，必须进行深度访谈，才可能了解公司的真实经营情况，进而准确判断公司及其实际控制人、高级管理人员、员工的刑事风险。

3. 过往犯罪案卷证据

如果公司及员工此前有犯罪记录，则相关案卷证据材料是最好的尽职调查资料。这些案卷材料由经验丰富的办案人员制作，证据种类齐全，案件事实清楚，合规顾问律师通过案卷材料，可以迅速了解公司的过往犯罪高发点，事实真相，包括犯罪成因、犯罪经过、犯罪结果，以及司法机关认为与案件相关的真实业务流程。如果有相关案卷材料，则通过查阅案卷材料，就可以完成大部分的尽职调查工作。

4. 高发风险业务资料

公司往往是在某一项业务的经营过程中容易发生刑事犯罪行为，刑事风险排查、整改的重点实际上就是公司的该业务流程，后续合规整改中需要对企业业务流程的合规化进行改造。因此，发生高发风险的全部业务流程资料，都需要通过尽职调查了解。

比如,公司的主要业务与招投标有关,则该公司涉嫌的高发刑事风险,往往是与招投标有关的串通投标和贿赂犯罪风险。那么,在尽职调查中,为排查串通投标的刑事风险,合规顾问律师需要了解公司项目投标的全过程,收集齐全获取项目信息、制作标书、支付保证金、投标、开标、中标、保证金退回、合同签订、项目后续运作对接;保证金支付相关审批、报销流程的财务凭证等一系列资料;为排查行贿风险,合规顾问律师则需要排查公司各项资金如何出账、如何报销等的财务凭证,以此作为审查公司是否有行贿风险的重要依据。对于其他存在刑事风险的业务,往往也需要调取公司的相关资料,了解公司对一项业务合同的全部审批流程。

5. 过往风控体系资料

实际上,不少公司都会设置风控部门,对企业日常经营过程中的合规风险,乃至刑事风险,会有或多或少的制度资料。在尽职调查中,合规顾问律师也有必要对这部分公司现有的风控体系资料调取、审查,评估此前风控体系能否有效防范刑事风险,后续也可以在现有风控体系的基础上进行刑事风险防范整改。

三、评估企业刑事风险

企业刑事风险防范整改措施要有针对性。首先要求准确查找、定位企业的高发刑事风险点,进行准确评估。风险评估的结果将成为制定企业刑事风险防范整改的路线引导图。在尽职调查结束后,合规顾问律师可以出具刑事风险评估报告,以专业的法律视角,从控方思维切入,分析企业的刑事风险点。刑事风险评估的过程,就是“将零散的刑事风险进行系统化整理,对识别出的刑事法律风险进行定性、定量分析,评估导致刑事法律风险发生的原因、刑事法律风险发生的可能性及其后果、影响可能性及后果的因素等”[1]。企业实际控制人对企业刑事风险的评估往往非常关心,是否需要进一步合规整改、如何整改,也取决于合规顾问律师提供的刑事风险评估报告。

---

〔1〕 韩轶:《企业刑事合规的风险防控与建构路径》,载《法学杂志》2019 年第 9 期。

刑事风险评估报告是合规顾问律师对企业刑事风险的分析和提示,该报告彻底地“揭露”了公司违法犯罪行为的“内幕”。该报告一旦流传出去,就可能会成为调查公司犯罪的重要线索。实践中,有权查阅该报告的人员范围要严格限定,一般我们仅限于公司的实际控制人有权查阅。因此,合规顾问律师在出具报告时,需要特别注意撰写免责声明。

案例>>>

某股份有限公司反腐败专项刑事风险防范整改案

在尽职调查结束后,正式进行刑事风险防范整改前,我们为企业实际控制人出具了《关于某股份有限公司刑事法律风险评估报告》。由于该刑事风险评估报告涉及企业真实的经营状态,客观评估其日常经营行为中涉及的犯罪风险,一旦泄露可能会对企业产生极大的不利影响,甚至可能会成为企业的“罪证”,我们在报告开篇中作出了充分的声明:

其一,本所及本所律师查阅了某股份有限公司提供的文件和材料,依据《刑法》《刑事诉讼法》《招标投标法》《证券法》等我国现行法律、法规及规范性文件的规定,进行风险评估并发表法律意见。

其二,本报告为保密文件,仅向某股份有限公司的法定代表人或法定代表人许可的其他工作人员提供,由其遵照约定使用,不得以任何形式向除上述人员以外的任何人透露,不得用作其他目的。

其三,本报告内容为本所律师根据某股份有限公司提供的文件和材料,以及相关人员单方面的陈述作出,不应在任何意义上理解为本所律师对本报告涉及事实的真实性和准确性的确认和保证。任何对本报告部分或者全部的引用均无效,本报告亦不得作为任何刑事、民事、行政诉讼中确认事实的证据使用。

其四,在本报告出具的过程中某股份有限公司没有任何事宜进入司法调查程序,本所律师没有接受任何与某股份有限公司有关联的个案委托,不针对任何个案提出法律建议。本报告仅对某股份有限公司在生产经营过程中可能存在的法律风险或后果,依据相关法律规定,作出客观的评价和提出降低法律风险的建议。

四、确定合规整改方案

经过对企业刑事风险的评估,企业高发刑事风险点就非常清晰,可能的犯罪原因、手法、罪名、法律后果等都一目了然。合规顾问律师接下来就需要与企业协商合规整改措施,确定最大限度地防范刑事风险且充分考虑企业成本的合规整改方案。企业主动防范刑事风险的合规整改措施包括消除刑事风险的整改方案、剥离刑事风险的整改方案以及切割刑事风险的整改方案。企业可根据实际情况,采取其中一种或者多种整改方案。消除风险,即对存在较高刑事风险相关的业务、经营模式进行整改,杜绝违法犯罪行为、消除刑事风险隐患。剥离风险,即将存在刑事高风险的业务部门剥离,在高风险的经营行为和主体企业之间形成刑事风险的"防火墙",最大限度保护经营主体、避免刑事责任。切割风险,即企业需要通过刑事风险防范措施,实现企业行为与员工潜在犯罪行为的责任切割效果,由此证明员工的犯罪行为不应归咎于单位。本书前文有专章论述。这三种方案是企业刑事风险防范整改的核心思想,但具体落实,还需要从完善法人治理结构、建立合规管理机构、制定合规管理制度、规范公司业务流程、建设公司合规文化、开展公司合规培训,合规管理机构对公司日常经营的持续合规监督审查等各方面、各要素着手进行。

五、落实合规整改方案

企业确定主动合规整改的方案后,合规顾问律师就需要协助企业逐一落实,采取包括完善法人治理结构、建立合规管理机构、制定合规管理制度、规范公司业务流程、建设合规文化、开展合规培训、进行合规监督与考核等一系列整改措施,为企业建立量身定制、要素齐备、各要素协调配合、真实运行且能运行留痕的刑事风险防范体系,最大限度地消除、剥离、切割企业的刑事风险。

（一）完善法人治理结构

完善的法人治理结构是刑事风险防范体系有效性的重要评判标准。在刑事风险防范的整改过程中，合规顾问律师需要审查法人治理结构是否完善。法人治理结构的调整完善，主要以预防犯罪、对公司决策进行有效监督为目的，还需要考虑公司的经营管理成本，兼顾成本与效益，尽量减少对企业经营效益的影响。调整法人治理结构，既能起到分权制衡监督的作用，也能够梳理各个部门架构，避免权责不明造成的混乱。

完善法人治理结构主要体现在三个方面：其一，完善企业的权力制衡机制，避免企业经营决策权缺少监督，形成系统性的企业犯罪风险；其二，将企业合规管理机构嵌入企业的法人治理结构中，保证合规管理机构的适当性、独立性和权威性，让合规管理机构能切实发挥合规监管作用；其三，根据整改方案，对法人治理结构进行调整。如剥离刑事风险，则需要将刑事风险高发业务部门和人员从公司剥离，规避企业的刑事风险。同时需要注意完善法人治理结构的相关合法程序，如股东会召开、人员任命、章程修改、工商登记变更等法律程序。

以某数码科技有限公司针对串通投标刑事风险防范整改为例：

为了制约公司大股东的经营决策权，公司采取的合规整改措施是增加董事会人数，制约涉案董事决策权。公司原有董事三名，包括涉案的两名董事。基于上市需求，公司不能对二人的董事职务进行变动，但公司必须采取措施，对二人的经营决策权进行制约。因此，公司经过股东大会的审议通过，董事会新增四名成员，对涉案两名董事的权力进行监督，以进一步防范决策权过度集中。

以某公司对单位行贿刑事风险防范整改为例：

该公司原来的法人治理结构中，股东只有夫妻二人，且实际参与公司经营管理的只有黄某，其妻子并未实际参与，黄某既是公司最大股东，也是公司法人,还是公司执行董事,并兼任公司总经理,没有其他监督部门,没有设置法务部,也没有法务专员。黄某个人就可以决定以公司名义实施涉案犯罪行为,企业法人治理结构不完善是企业犯罪的重要原因。

在这种情况下,我们就需要进行法人治理结构的调整。其中重要的调整方向是:(1)设置监事会,监事会由股东代表监事、职工监事组成,让监事会能有效运转起来,发挥监督的作用。(2)设置董事会,董事会由合规负责人、董事长黄某以及另外一名董事组成,董事会实行集体决策,"一人一票"表决,合规负责人直接监督公司日常经营决策的合法性。(3)董事会聘任专职总经理作为职业经理人,负责公司的日常经营管理行为。通过这三项调整措施,限制了黄某在公司日常经营过程中的权力,完善了法人治理结构。

以某交通实业公司的刑事风险防范整改为例:

在合规整改前,该企业的组织架构非常混乱,各个部门权责不清,人员混同现象严重,管理无序。例如,运营部、安全部、办公室、法务部、财务部、调度站、售检票组、公交车队、农科车队、旅游车队、租赁公司、汽修厂等部门在组织架构上处于平行状态,在实际运转中,又由总经理随意支配调度,该企业管理比较混乱,人员混同,权责不清,不能有效防范刑事风险。

合规整改过程中,我们协助企业对组织架构进行调整,将企业的业务部门精简为运营部、办公室、安全部、财务部四个部门,每个部门设置主任或主管一职,运营部下设租赁车队、旅游车队、农科车队、公交车队、售检票组,财务部下设财务主管、出纳、会计和现金管理小组(包括 IC 卡收银员、客运售票员、数银组)等,如此,让公司各级部门权责明确,法人治理的架构更加合理。

(二)建立合规管理机构

刑事风险防范整改工作由合规顾问律师主导,合规管理机构虽然也在合规整改过程中成立,配合落实合规整改工作,合规管理机构的重点工作时间是在合规整改结束后,正式接手合规工作,执行刑事风险防范具体措施,保证刑事风险防范措施能够有效运行。

建立完整的合规管理机构是有效执行合规计划、保障合规制度持续运行的重要部分。合规管理机构应当具备适当性、独立性和权威性。完善的合规管理机构,一般需要五个层级:合规领导机构、合规负责人、合规部及专职合规员、企业重要部门或者分支机构的派驻专职合规员及兼职合规员、合规顾问律师。

值得注意的是,企业合规整改并不能改变企业的股权结构和实际控制关系,只能在治理结构上进行优化,并不能将涉案管理人员“剔除出局”。在具体的合规管理机构设置中,公司的实际控制人、主要负责人毋庸置疑是企业的最高决策者。因此,从优化治理结构的角度,我们可以在合规管理机构的设置上,将实际控制人、主要负责人作为合规管理最高决策机构如合规管理委员会的成员之一,充分发挥他们推动合规建设的积极作用。同时,在公司经营决策机构的设置上,扩大集体决策人数和决策事项,既保留了实际控制人对公司重大事项的决策参与权限,也通过集体决策的形式限制了实际控制人的决策权限,避免实际控制人、主要负责人的个人意志取代公司独立意志,让公司的意志通过集体决策方式作出,而不是根据实际控制人、主要负责人的个人意志作出,对公司意志与实际控制人、主要负责人的个人意志作出区分。

此外,还需要设立合规部门任职回避制度。为了保证合规监督的有效性、合规部门和合规人员的独立性,规定合规委员会、合规负责人和专职合规员不得由其他具体业务部门的人员兼任,合规管理机构应当和其他具体业务部门平行,或者高于其他业务部门。同时,合规部门的工作人员应当具有独立性,不参与公司具体业务,也没有其他利益关联人员在公司负责具体业务活动。如此,才能形成对其他具体业务部门的有效合规监督。

(三)制定合规管理制度

如前所述,企业合规管理制度是企业合规管理机构有效运行的配套制度,包括合规管理制度、合规管理机构的工作细则、合规管理机构的保障制度以及重点领域合规风险管理制度等,从人力、物力、财力、业务能力、监管权力等多角度保障合规管理机构能发挥合规监督的作用,配套支持合规管理机构能有效帮助企业防范刑事风险。

(四)规范公司业务流程

在刑事风险防范中,规范公司业务流程包括两个方面的内容:其一,在公司业务流程中增加合规审批环节。如果犯罪行为系根据公司正常业务流程审批后实施,则可证明企业追求或放任该犯罪行为,至少能够证明公司对犯罪行为的发生存在监管不到位,公司并未履行合规义务。“在单位履行了合规义务的情况下,对单位而言,合规意味着作为违法抑或责任阻却事由而成立。”〔1〕刑事风险防范整改中规范公司业务流程,增加合规审批的环节,避免根据公司业务流程正常操作审批就出现犯罪行为,这是证明公司履行合规义务的重要证据材料。其二,根据公司合规整改的具体方案,如需剥离刑事风险高发的业务部门及人员,或者调整业务模式、审批权限,相应地,公司业务流程也必然发生变化,合规顾问律师需要协助企业按照合规整改的具体方案改造业务流程,让业务流程匹配公司的实际经营状况,合规的业务流程才能落地运行。

如果企业存在高发刑事风险,则企业往往存在某项业务流程不规范的问题,或者现业务流程并未被严格遵守落实,导致涉案人员利用漏洞绕开合规流程,实施违法犯罪行为。刑事风险防范整改的重点内容就是对企业不规范的业务流程进行合规化改造。尤其是对公司主营业务的业务流程进行合规化改造时,合规顾问律师需要深入了解行业规则,了解实际拓展业务情况,了解公司相关业务的管理流程等,起草或修订业务流程,将业务流程与公司合规部门的工作相结合,在业务流程中嵌入预防犯罪、合规经营要求、合规审查的内容等。在大部分案件中,我们都需要为公司量身定制一套合规的业务流程。

公司的业务流程包括财务审批流程、产品研发管理流程、产品生产和销售相关业务流程、污染物处置流程、进出口贸易业务流程、招投标业务审批流程、发票管理流程、合同管理流程等,需要有针对性地予以合规化改造。当然,并不是说在每一个企业刑事风险防范整改过程中,都要对所有的业务

〔1〕 孙国祥:《刑事合规的刑法教义学思考》,载《东方法学》2020年第5期。

流程进行合规化改造,只需要结合其实际经营情况、高发刑事风险点,通过犯罪成因自查找出企业内部某些制度上、业务流程上的漏洞,进而提出有针对性的合规整改方案,而不是大而全地进行盲目的合规化改造,让企业承受不能承受之重。

以某公司防范单位行贿刑事风险的整改为例:

我们尽职调查时,发现公司曾经涉嫌300万元的单位行贿犯罪,但除了这300多万元行贿资金以借支的形式出账外,其他财务资料也充分显示公司财务管理非常不规范。如财务资料"2018年无发票费用报备说明"中直接记载:"1. ××副处乔迁新居2000元;2. ××处吴某结婚2000元;3. ××分局魏某升副局2000元;4. ××研究院庄某生小孩2000元;5. ××政务服务中心李某乔迁新居2000元……KTV及其他娱乐类费用,累计32,000元;以上合计××万元。"诸如此类大大小小的"送礼"支出,每年都有不少。而且,都是从公司出账、如实记录在相关账册凭证中。

这些无疑都可能被认定为单位行贿犯罪的重要证据材料,一旦案发,会让企业面临重大的刑事风险。这直接说明公司财务制度不规范、财务审批流程缺少合规审查,公司也没有形成合规使用资金的习惯,公司日常财务审批给公司造成了极大的不确定刑事风险。

公司进行刑事风险防范整改时,虽然也兼顾对其他业务流程的合规整改,但重点的合规整改内容无疑是对企业财务收支流程进行完善,制定及完善财务监管制度和收支审批制度。企业各项业务流程,需要根据刑事风险大小采取繁简有别的合规整改措施,重点突出,兼顾全面,帮助企业在可控的成本内最大限度地防范刑事风险。

在合规顾问律师的协助下,公司对财务审批流程进行规范和完善,明确各岗位职责权限,明确禁止的财务行为,增设合规审批环节,包括:(1)完善公司的资金收入管理流程,禁止公司留存大量现金当作备用金,严格限制公司备用金的数额和用途。(2)确定财务支出基本原则——合规、真实、规范,并据此对财务行为提出明确的合规要求。(3)明确"公司财务部专职合规员对财务管理工作负有合规审核义务”,设置“财务部专职合规员职责”,明确规定财务流程中专职合规员具体职责范围。重新梳理和完善不同报销类别的审批流程,针对业务招待费和礼品费用的报销,专门增加合规员的审核,审查是否存在违规接待、超标礼品的可疑情形,合规员有一票否决权。(4)区分“董事长职责”及“财务部主任职责”,设置各级审批负责人的审批权限额度,超出权限部分,需经过公司董事长审批,明确规定财务审批流程中董事长与财务部主任的具体权责,并理顺其工作衔接。(5)将业务部门财务支出的申请、登记和审批统一规范为在公司的OA系统中进行。鉴于传统的纸质审批方式明显不能满足公司合规要求,不够规范,且不利于专职合规员监督,因此调整为OA系统线上审批,让审批更加快捷高效,且每一步都清晰留痕,每一项财务审批都自动生成完整的档案材料。(6)明确“禁止的财务违规行为”,要求财务人员及合规人员严格把关每一笔款项支出,避免出现以合法形式掩盖违法违规款项支出的情况,避免部分企业存在使用账外资金、员工个人账户支付好处费、大额礼品费等违规款项,或者在支付这些款项之后向公司报销的情况等。

以某数码有限公司对串通投标刑事风险防范的整改为例:

该公司的业务范围比较广,包括产品化软件销售业务、系统开发与服务业务、测绘服务业务等多项主营业务,既涉及财务审批不规范引发贿赂风险的问题,也涉及企业涉密数据、涉密人员、涉密设备的合规管理流程不规范导致的法律风险问题,还涉及侵犯知识产权犯罪风险问题等,但企业的主要业务源于投标,主要犯罪风险点集中在投标业务流程不规范,高发的是串通投标刑事风险。

因此,公司在有限成本控制内,最重要的刑事风险防范整改工作,就是对投标业务流程进行合规化改造,防范串通投标犯罪行为。至于公司的数据安全、侵犯知识产权合规问题,以及贿赂风险等方面的合规整改工作,只需设置合规审批节点和相应合规要求,就可以兼顾合规的全面性,满足合规体系全面性的评估要求。

（五）建设合规文化

如前所述，企业需要通过合规启动会、合规承诺书、合规考核与奖惩、合规手册与员工手册、合规培训等方式，建设企业合规文化，持续营造企业合规文化氛围。其中，通过合规手册和员工手册，可以督促公司全员学习合规知识，树立合规意识，培养合规文化。适合企业的优质合规手册和员工手册，能充分展示企业经营、员工工作过程中涉及的高发刑事风险、企业的合规文化，最大限度地帮助企业合规运行，防范刑事风险。

需要注意的是，合规手册和员工手册的内容不可能也不需要面面俱到，只需结合企业的业务特点、高发刑事风险点，特别针对案涉犯罪构成、法律责任、禁止行为、违规后果等进行重点阐述宣讲。如果企业原本有合规手册、员工手册，则可以在企业原有合规手册和员工手册上增加合规的内容，简化合规整改的工作。

另外，在刑事风险防范中，合规承诺书作为企业合规文化建设的重要内容，更加侧重于切割企业责任与员工个人、供应商等的责任，表明企业已经尽到合规义务。如果员工、供应商等未来实施犯罪行为，其签认的合规承诺书就是企业免责抗辩的重要证据材料；企业组织员工签订合规承诺书时，就需要做好沟通解释工作，妥善处理好与员工、供应商等合作伙伴的关系，避免因为合规承诺书的签订导致员工、供应商等合作伙伴的不稳定，业务开展受到负面影响。

以某公司对串通投标、单位行贿刑事风险防范的整改为例：

该案中，合规顾问律师协助公司修订、完善员工手册，重点加入禁止串通投标等合规要求。特别加入合规政策章节，注明了员工的合规义务，并详细列举了合规行为准则，以及违反合规义务的处罚后果。其中，为了防止涉案串通投标行为的再次发生，公司特别注明员工在招投标项目前期、中期、后期的行为准则，列明禁止行为条款。如在招投标项目前期，禁止与招标单位的不正当接触，包括标底价格和实质性条款的沟通；在投标阶段，禁止与其他投标人之间的串通行为，包括代付保证金、代为制作标书、冒充投标代表等。

与此同时,公司要求普通员工签订合规承诺书,主要内容包括:本人×××(身份证号码:××××××××××××××××××),为××有限公司××(岗位),为认真贯彻公司的合规管理政策,树立合规经营理念,推进公司合规文化建设,保障公司依法依规诚信经营,本人郑重承诺如下:(1)认真遵守、履行公司的合规管理制度及合规政策,严格遵守国家法律、法规及相关行业规定,恪守合规经营原则。(2)全力配合公司按照合规整改方案,切实推进合规整改。本人承诺自觉遵守以上要求。如违反任何一项承诺,本人将自愿接受公司根据《员工手册》及相关规定采取的纪律处分措施,情节严重的,公司有权解除劳动合同……

企业合规部门工作人员为落实公司的合规政策,推动合规体系建立,履行合规监督职责,也出具合规承诺书。主要内容包括:本人×××(身份证号码:××××××××××××××××××),为××有限公司××(岗位),为认真贯彻公司的合规管理政策,树立合规经营理念,推进公司合规文化建设,保障公司依法依规诚信经营,本人郑重承诺如下:(1)认真遵守、履行公司的合规管理制度及合规政策,严格遵守国家法律、法规及相关行业规定,恪守合规经营原则。(2)熟知本岗位工作职责和要求,掌握所从事合规管理工作的各项规定及流程,认真学习合规管理知识,提升合规管理能力,做好公司财务管理、合同管理、采购管理等重点领域的风险防范工作,实现合规风险的有效识别和主动管理,严防违规违法行为的发生。(3)公平公正履职,绝不实施下列行为:①利用合规管理职责进行索贿、受贿;②严重不负责任,不履行或不正确履行合规管理职责;③徇私舞弊、滥用职权,包庇公司高管人员或其他员工的违规违法行为;④私存、扣压、隐匿或者遗失合规部接收的举报线索;⑤故意泄露举报人姓名、地址、电话或者举报内容等,或者违规将举报材料转给被举报人、被举报企业;⑥其他违反《合规管理工作制度》《举报管理制度》等公司合规管理制度的行为。本人承诺自觉遵守以上要求。如违反任何一项承诺,本人将自愿接受公司根据《员工手册》及相关规定采取的纪律处分措施,情节严重的,公司有权解除劳动合同……

公司还要求供应商在签署代理协议或者项目合作协议时,同步签署作为合同附件的合规承诺书。“甲乙双方签署了编号为……的《××合同》,为建立诚信、廉洁、合法合规的业务合作关系，维护双方合法权益，我方作出如下合规承诺：(1)我方已经充分知悉：贵司严禁员工暗示、诱导、指使我方向项目方及其员工输送财物，实施商业贿赂，包括但不限于现金、红包、各种名义的提成、回扣、手续费、有价证券、购物卡(券)、礼品、借款等；我方保证完全遵守贵司合规要求，不以任何方式实施商业贿赂、串通投标等违法行为。(2)一旦发现我方有关人员存在行贿、串通招投标的违法犯罪，贵司有权向相关行政及司法机关投诉、举报、控告等，我方应当积极配合司法机关处理；经有关部门查证属实的，贵司有权立即撤销我方经销商资格，直至纳入贵方客户黑名单，永不合作。(3)我方若违反法律规定、合规要求，实施任何形式的商业贿赂及串通投标等违法行为，后果均由我方自行承担，与贵司无关……”

在操作过程中，公司业务员不愿意签订合规承诺书，该措施的落地存在很大障碍。合作伙伴签署合规承诺书的整改措施则阻力较小，基本所有的合作伙伴都愿意签订，主要原因在于该公司作为行业的标杆企业，经销商等合作伙伴出于利弊考量愿意继续合作。

(六)开展合规培训

企业刑事风险防范的整改，培训是必须可少的内容，但绝不仅仅是开几场讲座，普及一些刑事法律知识那么简单。为有效防范刑事风险，合规培训是多角度、多层级、多次数的，既需要宣讲基本的刑事法律知识、刑事诉讼经验，也需要形成充足培训档案，充分证明企业及其实际控制人尽到合规经营的职责，避免因为业务员的犯罪行为受到牵连。

从培训主体看，主要是合规顾问律师为企业开展的培训，日常经营中也需要企业合规管理机构对其他部门、员工开展合规培训。合规顾问律师帮助企业进行刑事风险排查、整改过程中，需要集中开展培训。整改结束后，企业刑事风险防范工作主要由合规管理机构负责，合规管理机构对其他部门员工开展合规培训，也代表企业尽到合规监管的职责。

从人员上，包括对公司实际控制人、高级管理人员、普通员工的培训，培训的内容和侧重点有所不同。对公司实际控制人的培训，既需要让他们对企业刑事风险有深刻认知，并且知道作为企业实际控制人如何防范自身刑事风险，如何采取措施防范企业风险等。而对于高级管理人员、普通员工的合规培训，则侧重于让他们知悉哪些行为容易遭受刑事风险、会产生哪些证据材料，以及如何避免刑事犯罪的发生等，有助于他们合规开展业务。

从内容上，企业防范刑事风险的培训既需针对企业高发刑事风险、企业合规要求等进行培训，也需要为企业及员工应对刑事危机、刑事调查提供基础法律知识、刑事诉讼经验等。

从原理上，刑事风险防范中的合规培训都需要留下相关证据材料，证明企业已经尽到监管职责，员工已经充分知悉相关犯罪行为的法律后果，以及公司对犯罪行为的禁止态度，切割企业、实际控制人与员工犯罪行为的责任，为企业面对员工可能发生的犯罪进行抗辩提前做好充分的准备。

（七）合规监督与考核

如前所述，合规监督与考核，是企业刑事风险防范体系重要的组成要素。例如，制定专门的《合规举报与调查制度》，将全公司人员及其他外部人员都动员起来，再设立一道合规风险防线。举报和调查制度的主要内容包括举报渠道、举报范围、举报受理、举报审查、合规调查、举报人的权利保障、合规工作人员的监督与处罚等。为落实企业的合规举报和调查制度，合规顾问律师也同样需要协助公司制作举报管理制度配套使用的文书模板，供合规部门工作人员参考使用。

另外，企业刑事风险防范整改结束后，合规顾问律师也可以定期对企业的刑事风险进行复查，对企业刑事风险防范措施的执行落实情况进行持续督导，避免刑事风险防范措施流于形式。

六、持续优化合规体系

企业建立刑事风险防范体系后，还需要在日常经营中不断优化。主要包括三个方面的优化内容：其一，根据企业经营情况对合规体系的适配性进行调整，如业务结构调整、经营规模变化等。其二，对企业新业务、新项目开展专项刑事风险防范审查。企业刑事风险防范体系可能难以对这些新业务、新项目进行合规审查。在合规顾问律师的协助下，企业需要主动对新业务、新项目进行专项刑事风险审查。如重大资产重组、重大交易等,既要最大限度地防范企业开展这些业务过程中产生犯罪风险,也要最大限度地避免企业在开展业务过程中遭受他人犯罪行为的侵害。其三,根据实际经营情况变化,持续调整、优化企业刑事风险防范体系,包括持续延伸合规领域、持续优化合规管理机构和合规人员、持续开展合规培训等,保障企业刑事风险防范体系与企业实际经营状况的适配性,为企业的合规稳健经营发展保驾护航。

七、合规整改总结报告

在大部分企业刑事风险防范的整改案例中,企业都不要求合规顾问律师出具合规整改总结报告,尤其是私营企业,他们更加关注实用性。但少部分国有企业,他们不仅关注实用性,还关注合规整改的结果呈现,作为公司存档使用。因此,在少数案例中,合规顾问律师也需要协助企业制作合规整改总结报告。根据我们的经验,合规整改总结报告的主要内容由五大部分组成。

其一,企业的基本情况、主要业务模式梳理,作为合规整改报告的基础事实信息。

其二,企业的高发刑事风险点及风险产生原因,这部分内容实际是尽职调查的成果。

其三,企业合规整改的主要内容,包括公司内部自查、风险排查情况,合规承诺书的签署情况,完善法人治理结构、建立合规管理机构、制定合规管理制度、开展合规培训的情况,对财务审批流程、采购审批流程、内部审计管理制度、融资管理制度、业务管理制度、合规审批流程等业务流程进行合规化改造的情况,合规手册、员工手册的制定、发放、学习情况,合规监督与考核相关情况,合规文化建设情况;等等。

其四,合规风险防范措施的运行及效果。在合规整改期内,公司逐渐实施刑事风险防范的整改措施。在合规整改总结报告中,专门对公司刑事风险防范措施的运行情况进行梳理,并对运行效果进行自评。包括证明公司刑事风险防范措施正常运行且行之有效的全套档案资料,如合规部门工作的情况及效果;合规部门日常工作记录、合规报告情况;财务工作情况及效果;业务审批合规流程的运行情况及效果;等等。

其五,持续优化机制。合规整改总结报告的最后部分,往往需要简单论述企业长期合规计划,证明公司的刑事风险防范制度具有持续的优化机制,包括继续聘任合规顾问律师对企业合规经营持续督导;定期收集各项合规制度在执行过程中遇到的新问题,并及时调整和修改;持续进行合规文化建设和合规培训等。

以某公司对走私普通货物刑事风险防范的整改为例:

公司合规管理部门配合合规顾问律师开展专项整改结束后,需要形成总结报告,汇报企业合规整改情况及刑事风险防范体系的建设、运行情况,报告包括以下内容:

第一部分:公司的主营业务及具体业务开展流程、模式……

第二部分:整改前公司的高发刑事风险及风险原因……

第三部分:公司合规整改的主要内容。

首先,公司主要从以下四个方面推进合规整改工作:(1)公司建立健全了合规风险事前预防机制,调整了公司组织架构,强化权力制衡,建立了全面的合规体系,并聘任合规顾问律师,以帮助公司有效识别、监测法律风险。(2)公司建立健全了合规风险事中监督机制,制定了《合规举报管理制度》等文件,加强对员工违规行为的内外部监管。同时制定进口业务线上审批系统的开发计划,并按计划完成了系统开发。(3)公司建立健全了合规风险事后纠错机制,对涉案违法违规人员进行了问责处罚,并建立了合规管理档案,要求合规工作人员定期填写合规工作日志,将合规巡查常态化,设立专职合规员常规抽查机制。公司还建立了违规事件处置机制,以实现及时有效的事后纠错。(4)公司积极开展合规文化建设工作,开展形式多样的警示教育活动,建立合规培训记录存档机制,定期组织相应的法律、业务知识合规培训,动员全体员工签署合规承诺书,制作合规宣传海报并张贴于公司内部,设置合规员的工作卡牌,充分营造合规工作氛围。

其次,公司的详细合规整改措施主要有八项工作内容:

第一,完善法人治理结构。设置股东会作为公司最高权力机构,设置一名执行董事,并由执行董事兼任总经理,设置一名监事,负责公司监督工作。公司设有进口部、仓储部、财务部、行政部四个一级职能部门。

第二,增设合规管理机构。设置合规领导小组作为公司合规管理的最高决策机构,合规领导小组下设合规负责人和合规员,其中合规员分为专职合规员与兼职合规员。合规负责人分管公司合规管理工作,专职合规员设置于主营业务部门——进口部。因财务部风险相对较低,设置兼职合规员负责财务部的合规管理工作,由财务部人员兼任。其他部门因风险相对较小,暂不设合规员。

第三,制定合规管理制度。通过《合规管理制度》《合规领导小组议事规则》等制度,明确公司的合规管理基本原则和要求,规定合规管理机构的岗位职责和权限。

第四,对业务流程予以合规化改造。在进口业务方面,公司制定了《进口业务管理制度》《进口报关操作指引》,建立了进口业务风险库,不仅从进口报关的基本原则、管理机构岗位职责、业务流程、违规处罚与责任追究四个方面对公司进口报关业务的开展进行约束和管理,而且详细列明了进口报关的操作流程、步骤及可能涉及的合规风险。同时,公司为配合进口业务方面的整改,参照上述合规业务流程制定进口报关审批操作流程图,并按照流程图所涉及的业务流程及审批节点,进行了全新的进口业务线上审批系统的开发。在财务方面,公司制定《财务管理制度》,规定财务部人员岗位职责,并全面规范公司银行账户管理,银行存款及外汇管理,财务收付款流程、费用报销流程及应收账款催收流程管理,财务预算和财务会计档案管理等,严格监控公司的资金流动,以防范任何可能因监管疏忽而导致的走私或税务风险。在合同、印章、邮箱管理等方面,公司针对合同管理、用章管理、邮箱管理等审批进行了合规整改,制定《合同管理制度》《企业电子邮箱使用规范》《印章使用审批登记表》《印章使用台账》等。

第五,加强合规文化建设。包括:(1)组织全员签署合规承诺书,制作合规文化宣传海报、警示标语、合规政策,并张贴在公司办公区、公告栏及会议室等醒目区域。(2)为合规工作人员划定专用办公区域,设置合规负责人、合规员卡座、名牌,为合规工作人员提供充分的履职保障。(3)向全体员工普及合规知识、宣传公司合规政策,进一步明确员工日常履职行为规范,增强员工合规意识。

第六,制定并发放员工手册、合规手册。在员工手册、合规手册中特别增加合规绩效考核内容,考核结果直接与员工工资、奖金发放等挂钩。合规顾问律师、合规部门工作人员向员工解释并组织员工学习员工手册和合规手册,要求员工撰写合规学习心得,确保员工明确其合规义务,知悉禁止的违规行为。同时,企业还设立日常的合规培训及其考核机制,将合规文化的宣传和培训予以制度化。

第七,积极开展合规培训。合规顾问律师分别从合规管理规范、进口报关规范、公司治理结构等方面对员工开展合规专题培训。除合规顾问律师培训外,公司还积极组织开展内部培训,促进公司内部形成"主动合规""全员合规"的良好氛围。同时,公司持续开展警示教育宣讲,组织员工自主、深入学习警示案例,强化员工的风险意识。

第八,合规监督与考核制度。开通电话举报、电邮举报、信函举报、来访举报等多种举报方式,并向全体员工及合作方进行公示,畅通反映问题的渠道,展示其接受内部监督、社会监督的决心。同时,在合规手册和员工手册中明确了合规考核等内容。

第四部分:合规风险防范措施的运行及效果。公司的上述刑事风险防范措施实施以来,总共开展业务××单……公司的合规部门自成立以来,合规员、合规部门的工作有序开展,包括合规日常工作记录、合规汇报、开展对核心部的专项检查、财务合规管理、合同合规管理等,合规制度得到有效贯彻执行。合规检查中也发现了违规行为××人次,合规部门依照规定程序进行调查处置,产生良好的合规监管效果。

第五部分:公司制定了刑事风险防范体系持续优化机制及未来的长期合规监督计划……

综上所述,不同企业、不同类型的刑事风险防范整改,其步骤、内容、方式方法是相通的。企业无论基于什么原因或者在什么压力的影响下进行刑事风险防范整改,都应以建立有效的刑事风险防范体系为目标。在整改过程中，企业实际控制人、高级管理人员及员工对企业经营过程中的高发刑事风险、法律后果等都会有更深刻的认识，这对防范刑事风险有很大的作用。即便企业员工后续发生犯罪行为，只要刑事风险防范措施能有效运行，企业员工的个人犯罪行为与企业的犯罪行为也不能完全等同，为后续企业所涉刑事案件的处理留下无罪、罪轻的抗辩空间。

第七章
CHAPTER 08

刑事风险防范业务的误区和风险

刑事辩护和刑事风险防范都是刑事律师的重要业务。刑事辩护是刑事律师的传统业务,经久不衰,虽然当前《监察法》的施行、认罪认罚制度和刑事律师全部覆盖制度的推广,使辩护律师的发挥作用空间有所压缩,但从长远来看,随着社会法治化水平的不断提高,辩护律师发挥作用的空间会更大,刑事辩护的前景是值得期待的。

从刑事辩护到刑事风险防范,其实并不是刑事律师业务的转型,而是刑事律师业务的拓展延伸。刑事风险防范与刑事辩护两者关系非常密切。刑事风险防范整改的顺利推进、刑事风险防范整改措施的有效性与合规顾问律师的刑辩经验有直接关系,刑事风险防范整改、刑事风险防范体系运转与案件辩护也有密切关系。刑事风险防范是刑事律师的重要业务机遇。而且,企业刑事风险防范业务实际上属于刑事非诉讼业务,具有标准化、流程化、模板化的特点,可以充分发挥律师团队的优势。但机遇也往往是危机,刑事律师开展刑事风险防范业务,需要准确识别刑事风险防范业务过程中的律师执业风险,避免误陷法律风险,尤其是刑事风险。

第一节
准确判断刑事风险

开展刑事风险防范业务,为企业进行刑事风险防范体系建设,合规顾问律师的基础工作就是通过尽职调查，准确判断企业经营行为的罪与非罪，识别出企业高发刑事风险点。准确判断企业经营行为的罪与非罪、识别出企业刑事风险点，是下一步进行刑事风险防范整改的基础，这样企业才可能建立有效的刑事风险防范体系。同时，准确判断企业经营行为的罪与非罪，对企业的业务模式、经营行为的罪与非罪进行非常彻底的研究，得出确定的结论，也是合规顾问律师防范自身刑事风险的要求，避免其沦为企业犯罪的参与者。

如果企业经营模式不是犯罪行为，则可以进行刑事风险防范整改，让企业经营更加合规，避免刑事风险。如果企业的经营模式本身就是犯罪行为，则其整改方案只有两种：要么继续该经营模式，无须合规整改等待被追究责任；要么彻底整改，停止违法经营模式，改变为合法的经营模式。如果合规顾问律师未能准确判断企业经营行为的罪与非罪，就无法保持坚定的立场，提出明确的观点，可能会在企业的要求下，对企业的犯罪行为"保驾护航"，甚至进行掩饰、隐瞒犯罪的"整改"，这不仅无法为企业防范刑事风险，还将直接导致自己面临刑事风险。

合规顾问律师发现企业的经营模式本身涉嫌犯罪行为，经过与企业经营者的沟通，即便企业愿意进行彻底的刑事风险防范整改，合规顾问律师也需要慎重考虑该企业的经营规模、发展历程等，评判企业是否有彻底刑事风险防范整改的可能，以及彻底进行整改能否消除或防范企业的刑事风险，尤其需要考虑彻底整改能否防范企业过往经营行为埋下的刑事风险隐患。如果企业已经"积重难返"，随时可能因为过去经营行为所涉犯罪而被追究刑事责任，此时合规顾问律师就不宜介入，不宜协助进行合规整改，避免遭受不必要的刑事风险。

以某某惠公司涉嫌组织、领导传销活动拟进行刑事风险防范整改案为例：

该公司由于长期遭到很多会员的传销投诉、举报，各地分公司、子公司也因组织、领导传销活动违法行为受到各地工商行政机关作出的行政处罚，而且公司实际控制人还打听到公安机关已经关注该公司的经营行为，正在评估该公司是否涉嫌组织、领导传销活动，是否涉嫌非法集资。于是，该公司的实际控制人、家属及部分管理人员非常紧张，想要聘请有经验的刑事律师介入，为该公司的刑事风险作出评判，并协助该公司进行刑事风险防范整改，避免该公司及各级管理人员被追究刑事责任。

我们经过初步尽职调查后，发现该公司的经营行为实际上是以网络传销的手段，实施非法吸收公众存款或集资诈骗的行为，该公司自身几乎没有实体业务，所有的资金来源都是会员以各种名义投入的资金，有"庞氏骗局"的嫌疑。因此，我们判断，该公司的经营模式存在重大刑事风险。该公司拟让我们进行刑事风险防范整改，也表达出一定的合规整改意愿，我们起初与该公司商定了委托合同条款，以法律顾问的名义签订合同，为该企业提供刑事风险防范整改及相关刑事法律顾问服务，该公司还把委托合同盖章后交给了我们。

但是，我们考虑再三，还是决定不担任该公司的刑事法律顾问，于是重新商定直接签订刑事辩护委托合同。我们经过充分评估，发现该企业经营3年多以来，会员数量从0到890多万名，资金流水从0到上千亿元，如果以合规顾问律师的身份介入会让律师面临较大的刑事风险。一方面，这么大资金流量和会员数量的企业涉嫌组织、领导传销活动，对社会稳定造成了重大影响，司法机关应该很快就会介入，企业及相关人员的刑事责任是难以逃避的。另一方面，企业无论进行什么样的刑事风险防范整改，可能都无济于事。此前3年多的发展实际上都在实施传销活动或者集资活动，已经造成的刑事风险是无法被消除的，即便马上进行彻底的刑事风险防范整改，甚至关停公司，也无法消除此前犯罪导致的刑事风险。

我们在准确判断该公司经营模式的罪与非罪后，作出律师自身刑事风险防范的正确选择。几个月后，公安机关就成立级别很高的专案组，将该公司的各级管理人员"一锅端"，全国各地公安机关联动，对该公司在全国各地的分支机构采取取缔措施。我们也就成为该公司实际控制人的辩护律师，提供刑事辩护服务，且没有法律风险。

第二节
不宜主动披露犯罪

合规顾问律师的重要工作就是评估企业在生产经营过程中的高发刑事风险点,协助企业建立完善的刑事风险防范体系,最大限度地防范刑事风险。合规顾问律师需要通过尽职调查全面了解企业最真实的经营状况,也就往往会发现企业存在的司法机关尚未掌握的违法犯罪事实。此时,合规顾问律师要怎么处理?应对不慎就可能给自身带来执业风险。

《律师法》第38条规定:“律师应当保守在执业活动中知悉的国家秘密、商业秘密,不得泄露当事人的隐私。律师对在执业活动中知悉的委托人和其他人不愿泄露的有关情况和信息,应当予以保密。但是,委托人或者其他人准备或者正在实施危害国家安全、公共安全以及严重危害他人人身安全的犯罪事实和信息除外。”因此,合规顾问律师在执业活动中知悉的当事人隐私、当事人不愿意泄露的有关情况和信息,都有义务予以保密,只有委托人或者其他人准备或者正在实施危害国家安全、公共安全以及严重危害他人人身安全的犯罪事实和信息,才可以突破保密义务的界限。合规顾问律师在刑事风险防范办案过程中发现企业和人员的犯罪行为,除了上述三种情形外,都没有主动披露的义务。

以某某有限公司涉嫌走私普通货物罪案为例:

企业因为代理客户报关进口过程中,有一单业务涉嫌低报价格走私,客户与企业业务员约定,客户提供两套发票,由业务员根据价格低的发票进行报关进口,业务员向公司老板汇报后,老板默许了这种行为,认为他们没有参与修改任何报关文件材料,应该不涉及犯罪行为。案发后企业及其实际控制人都被刑事立案调查,被追究刑事责任。

合规顾问律师在企业确定进行整改,还未正式召开合规启动会宣告前,已经进行了大量尽职调查工作,尽职调查的核心内容就是评估涉案企业的刑事风险点,确定企业的风险防范整改范围,判断是否需要对进口业务和出口业务都进行风险防范整改。企业的出口业务比较“新颖”,合规顾问律师重点对企业的出口业务的刑事风险进行评估,包括其出口业务模式是否涉嫌违法犯罪,以往的出口业务有无被追究刑事责任的风险,以及相关业务模式有无进行刑事风险防范整改的可能性和可行性。

经过对企业的尽职调查发现:企业出口业务主要以一般贸易方式出口,一般贸易是与加工贸易相对而言的贸易方式。一般贸易指单边输入关境或单边输出关境的进出口贸易方式,其交易的货物是企业单边售定的正常贸易的进出口货物。该企业的一般贸易方式按照出口具体业务分为客单和买单两种类型。

1. 客单业务

客单即客户是真正的供货商,企业在报关时真实填写境内发货人、生产销售单位等信息,代为报关出口。企业根据货物的真实来源提供报关出口服务,收取的费用是固定的保管费、地勤费和入仓费等。

2. 买单业务

买单业务是企业的主要业务,该业务涉及的交易主体包括:(1)境外采购商;(2)境内的货物供应商;(3)境内揽货档口;(4)国际货运代理商;(5)涉案企业(报关公司);(6)运输公司(航运、海运、陆运)。该业务所涉及的具体交易模式为:

其一,境外采购商向境内的众多商铺(大多是个体工商户)采购各种商品,正常支付货款。境外采购商将采购的各种商品交给揽货档口,揽货档口是不经营具体产品销售的,也不会向境外采购商直接收取费用,他们负责将货物从境内运输到境外目的地。揽货档口与境外采购商谈好价格后,负责将货物运送出境到目的地,交给境内揽货档口在境外目的地的关联公司,由其负责提供境外目的地的货物保管、发货,境外提货人则需要支付相关费用后才能将货物提走。

其二,揽货档口收到这笔货运生意后,找到国际货运代理商(以下简称货代),订购舱位。货运代理是指在流通领域专门为货物运输需求和运力供给者提供各种运输服务业务的总称。它们面向全社会服务,是货主和运力供给者之间的桥梁和纽带。经营国际货运代理业务，必须取得原外经贸部制定的《中华人民共和国国际货物运输代理企业批准证书》（以下简称批准证书）。

其三，货代确定了舱位、航线等运输信息后，货物则需要进行报关出境手续，这一环节就需要找到作为报关公司的涉案企业。涉案企业提供的服务，就是将这些货物通过一般贸易或者市场采购贸易的方式，提供报关出境服务。

其四，涉案企业在收到这些报关业务后，与市场中的中介人员沟通，由中介人员提供外贸企业的企业名称等信息。在出口业务中，外贸企业也是有特定含义的词语，需要特定的经营资质。外贸企业是指有从事对外贸易（进出口）业务的企业，在国家规定的注册企业的相关领域内，对合法产品有进出口经营权。

其五，中介人员在提供外贸企业名称等信息后，涉案企业作为报关公司则在报关的官方渠道"单一窗口"中，以中介机构提供的外贸企业作为委托方，涉案企业作为受托方进行出口申报。通过这种方式，外贸企业可以从当地政府获得出口补贴，而涉案企业以"贴息"的名义获得远高于正常报关业务费用的收益。因此，在此类业务中，涉案企业的很多报关出口业务对客户而言是"免费"的，涉案企业的主要收益来自各地政府获得的补贴。

合规顾问律师经审查发现，这其实就是典型的买单犯罪业务，该企业有骗取国家补贴的刑事风险。如果外贸企业进行了出口退税，则外贸企业也有骗取国家出口退税罪的刑事风险。而且，该企业的出口业务中，客单业务极少，绝大部分都是买单业务。这种贸易方式本身就有犯罪嫌疑，难以进行合规整改。根据企业的经营业务模式，如果停止采用这种买单方式经营，公司将严重亏损、难以维系。

发现这些情况后，我们向企业全面分析了其出口业务的刑事风险，建议其改变业务模式，争取合法合规经营，为企业决策提供法律意见。

第三节 不能掩饰隐瞒犯罪

合规顾问律师发现企业存在的司法机关尚未掌握的违法犯罪行为，除了几类特殊犯罪外，都不能予以主动披露，但更需要切记不能帮助企业及相关人员掩饰、隐瞒犯罪，以及为掩饰、隐瞒犯罪实施一系列的毁灭、伪造证据、妨害作证等行为。部分刑事律师在协助企业防范刑事风险时，错误地认为，刑事风险防范就是要穷尽手段帮助企业逃避法律追究，防范企业被追究刑事责任。为从事犯罪行为或者经营模式本身就涉嫌犯罪的企业提供刑事风险防范服务，就容易变成帮助企业掩饰、隐瞒犯罪行为，合规顾问律师将会陷入刑事风险中。如为涉嫌非法集资、传销活动的互联网金融企业提供合规服务，为变相证券、期货交易的非法经营企业提供合规服务，为涉嫌"套路贷"的企业提供合规服务等，合规顾问律师也可能面临较大的刑事风险。

刑事风险防范是对企业违法犯罪行为的纠偏，而不是掩饰、隐瞒。将刑事风险防范理解为帮助企业和相关人员提供掩饰、隐瞒犯罪行为的法律意见、建议，甚至直接帮助企业和相关人员逃避法律追究，既可能会与他们陷入共同犯罪的风险中，也可能涉嫌毁灭、伪造证据，以及妨害作证等犯罪行为。

如公司经营模式本身就涉嫌犯罪，公司只有"做"与"不做"的选择，没有合规地进行犯罪行为的选项和做法。我们在提供刑事风险防范服务时，首先应当考察该公司的经营行为本身是否为犯罪行为，如果是，我们就不提供刑事风险防范服务，改为提供刑事辩护服务。因为这样的经营模式无法风险防范整改，只要继续经营，就涉嫌违法犯罪。

以某科技有限公司拟进行刑事风险防范整改案为例：

该公司旗下电商平台以"电商新零售""分享经济"等模式，面向全国销售女性用品、化妆品、母婴产品等，短时间内通过线上商城、线下加盟代理商面向全国大量发展会员，迅速发展壮大。后该公司实际控制人感觉公司发展太快，担心面临刑事风险，与我们洽谈刑事风险防范整改，想要为公司建立防范刑事风险的全面措施。

经初步尽职调查后，我们发现，该公司设立了多种形式的返利、提成、奖励项目，鼓励、引诱会员继续发展下线，其经营模式实际上是以发展下线人数作为计酬返利依据，以新收取的入门费用作为非法获利来源的模式。我们评判认为,该公司的经营模式实际上是比较典型的传销活动,其涉嫌组织、领导传销活动罪。该公司实际控制人经过仔细考虑,还是想让律师介入,帮助他们在不影响现在业务模式的情况下,增加刑事风险防范的措施,帮助他们规避犯罪。

我们认为,该公司的刑事风险就来自其业务模式,在其业务模式不改变的情况下,通过其他合规措施来规避刑事风险,只能起到掩饰、隐瞒犯罪行为的作用,无法让公司真正合规经营,且会给合规顾问律师带来巨大的刑事风险。因此,我们坚持的方案是:公司只能改变以返利、提成、奖励项目为核心的业务模式,将其改造成去层级化的电商平台,其他的刑事风险防范整改措施都很难帮助公司规避刑事风险。

该公司实际控制人经过认真考虑,还坚持认为公司能发展壮大依靠的就是这种会员之间无限层级的返利、提成、奖励的经营模式,改变该经营模式,公司将无法持续经营。于是,公司实际控制人决定不再进行刑事风险防范整改。

我们没有继续为该公司进行刑事风险防范整改,主要原因是防范我们自身的刑事风险,一旦我们接受该业务,公司却利用我们的服务继续实施组织、领导传销活动犯罪,我们也会面临严峻的刑事风险。事实证明,我们的判断和坚持是正确的。两年后,我们看到当地某区法院发布公告,该公司被公安机关取缔,法院判决认定该公司系传销组织,公司实际控制人被判决构成组织、领导传销活动罪。

第四节

坚持中立服务底线

执业律师的本职工作是中立的法律服务,无论在任何业务中,坚持中立法律服务的底线,都是执业律师防范刑事风险的不二法宝。我们在企业刑事风险防范整改业务中,也必须坚持中立法律服务的底线。一旦超越这个底线,执业律师就不再是中立法律服务的提供者,本质上就会成为企业经营行为的参与者,律师的执业豁免权就完全丧失。合规顾问律师的刑事风险就会和客户的刑事风险绑定,任何一个客户的刑事风险,都会成为律师的执业风险。

超越中立法律服务底线的典型情况是,合规顾问律师在提供法律服务过程中,成为企业的股东、独立董事等。理论上,如果经过准确评估企业经营模式的罪与非罪,能够确定企业的经营模式不是犯罪,则可以考虑成为公司的股东、独立董事;但若企业的经营模式本身就存在较大的刑事风险,则需慎重。但无论合规顾问律师在企业是否担任股东、独立董事等,都不宜直接参与企业的具体业务活动,并为企业具体业务活动的合规性背书,甚至为企业的业务行为宣讲"站台",帮助企业扩大业务量,这些都是非常危险的信号。一旦合规顾问律师介入企业具体经营行为,虽然其对企业违法犯罪行为有一定的判断,坚持不主动披露,不参与企业违法犯罪的经营部分,也不为企业的违法犯罪行为进行掩饰、隐瞒,但也可能会面临刑事风险。实际上,我们认为,即使没有参与经营,只要成为企业的股东、独立董事等,律师就已失去中立角色,超越了中立法律服务者的范围,不利于其防范执业风险。

以某科技公司主动刑事风险防范案为例:

某科技公司开发运营一款陌生人之间的社交软件,该公司的运营模式涉及三方:女用户、公司和男用户。女用户注册成为公司的会员,该科技公司通过投入广告等方式吸引男用户注册成为公司会员。女用户积极主动和男用户进行聊天,通过文字信息、语音信息、语音连线以及视频连线等各种方式交友,而男用户与女用户的交友,是需要支付费用的。男用户交友的费用、打赏等直接支付给该科技公司,由该科技公司与女用户按照一定的比例分成。实际上,这是绝大多数社交软件的运营模式。在这种模式下,部分用户难免会想尽办法吸引其他用户进行付费聊天、对其打赏等,以创造更多的收益。这就容易导致用户为了创收而可能触犯法律底线,进而引发该科技公司及相关运营人员的平台运营主体责任,包括刑事风险。

该科技公司提出让合规顾问律师占"干股"的条件,为该公司进行合规整改防范刑事风险。我们经过充分考虑,认为该公司经营模式本身存在较大的刑事风险,一旦经营行为失控,将直接面临刑事风险。律师以股东身份为公司提供法律服务,会让律师的刑事风险与企业的刑事风险在很大程度上绑定,面临不确定的刑事风险,于是放弃成为公司股东。

以李某涉嫌非法吸收公众存款罪案为例:

李某起初是某互联网金融公司的法律顾问,为该公司的日常经营活动提供法律服务,帮助拟定、修改客户合同,为该公司的合规经营保驾护航。这本是很普通的法律顾问中立法律服务,刑事风险很小。然而,后来该公司提供了很高的法律服务费用,还聘请李某担任公司的独立董事,为李某提供了专门的独立董事办公室,除了法律服务费用外,每月还固定领取独立董事的数万元薪酬。李某提供的服务也越来越多,直接介入公司的具体业务活动,代表公司参加宣讲会,向客户讲解公司业务模式的合法性、公司业务的行业前景等相关法律知识。而且,李某还在客户微信群中,作为公司的代表向公司其他员工和客户宣讲公司业务的行业趋势以及相关法律问题,为公司业务站台宣传。后大量客户购买了公司的产品,都遭受不同程度的损失。

案发后,公安机关指控李某以某公司法律顾问的身份,虚构事实,为某业务站台宣传,诱使会员大量购买某平台发行的产品,造成受害群众巨额损失。李某作为法律顾问、独立董事、公司管理层之一,积极参与某公司非法吸收公众存款的犯罪行为,在犯罪行为的实施中起主要作用,系案件中的主犯,触犯了《刑法》第 176 条,涉嫌非法吸收公众存款罪。

律师在执业活动中坚守中立服务底线对于防范刑事风险是非常必要的,超越中立服务的底线,就意味着律师与客户的行为在法律评判上"共进退",失去了执业豁免权及中立服务的风险隔离作用,刑事风险就具有较大的不确定性。

结语　主动刑事风险防范的普及“瓶颈”

我们在为企业进行主动刑事风险防范整改过程中积累了丰富的刑事风险防范经验，但我们的主动合规经验“用武之地”有限。主动刑事风险防范业务的客户绝大多数是经历过或正在经历刑事风险的客户，而且往往是有过涉刑案件经历之后“死里逃生”的客户。绝大多数情况下，案发前正常经营的企业进行主动刑事风险防范的意愿并不高，他们不会意识到公司的经营行为会被认定为犯罪，也难以相信自己会面临刑事风险。即便意识到可能面临刑事风险，在现实的收益和不确定的风险面前，侥幸心理也会成为企业主动刑事风险防范的阻碍，这是人性及企业逐利本性使然。

一、危机意识和风险防范动力不足

刑事案件“东窗事发”前，所有犯罪嫌疑人、嫌疑单位其实都会存在一定的侥幸心理，认为没有刑事追责危险。那么多违法犯罪行为都没有案发，那么多同行做着同样的事情却没有被追究刑事责任，还获得了极高的收益，下一次也大概率不会案发，不会被追究刑事责任。甚至认为即便触犯法律、发生刑事风险，通过各方面“协调”也完全可以大事化小、小事化了。在侥幸心理作用下，企业及员工的合规意识、危机意识不足，难以意识到刑事风险、防范的重要性，进行主动刑事风险防范的动力不足。

二、潜规则让企业难以独善其身

我们在办案过程中发现，不少行业都存在或多或少的潜规则，行业潜规则让不少企业及业务员难以独善其身，业务员不得不以身犯险，通过违法犯罪行为谋取竞争优势，否则他们将难以获得项目，难以与同行竞争。企业一旦完全无视潜规则，业务员的业绩、工作积极性和忠诚度就会受到影响。因此，在行业潜规则面前，企业主动刑事风险防范的意愿和动力不足，阻力也比较大。

三、企业合规的收益难以量化

企业进行刑事风险防范的收益并不是直接、即时、可视化的，难以进行量化评估。企业付出成本建立的刑事风险防范体系，能否切实帮助其经受刑事风险的考验，只有在刑事风险来临时才能验证，而验证的过程又受到各种法律内外复杂因素的影响。即便企业建立了完善的刑事风险防范体系，且运行有效，其真正起到刑事风险防范作用大小，也受司法机关态度的影响，也取决于刑事风险发生后，企业对刑事风险的应对是否得当，以及刑事风险转化为刑事案件后，企业及其辩护律师的辩护工作是否得当，还受司法机关对刑事风险防范、单位刑事责任的归责原则、单位犯罪认定标准理论等认知度的影响，甚至还有其他刑事司法政策及法律内外因素的影响。因此，刑事风险防范体系对刑事风险防范的作用充满了不确定性。企业主动建立并运行完善的刑事风险防范体系，只是其防范刑事风险的必要条件，不是充分条件，这在很大程度上会打击众多企业主动刑事风险防范的积极性。

四、成本确定但是收益不确定

企业作为理性经济人，在进行某一项业务行为时会进行成本收益核算。进行主动刑事风险防范的成本是现实的，可能需要舍弃部分违规业务，直接减少较大一部分收入，需要直接支付风险防范整改的各项费用，还需要承担刑事风险防范体系运行的人力、物力成本等，刑事风险防范的成本是确定发生的。然而，主动刑事风险防范的收益却是未来的，短期内可能看不到收益，甚至在较长的一段时间内都未必能看到收益，而且收益也具有较大的不确定性。在现实的成本与虚幻的收益之间，企业选择支付成本进行主动刑事风险防范，建立刑事风险防范体系的动力受限。

总而言之，企业主动刑事风险防范看起来非常美好，但企业家往往在“劫后余生”时才会“一时冲动”想要进行主动刑事风险防范，等风平浪静后，主动刑事风险防范在他们心中的重要性急剧下滑。风平浪静的时间越久，企业主动进行刑事风险防范的积极性越低，直到下一次刑事危机发生，主动刑事风险防范才有可能再一次被重视，如此循环往复。在日趋法治化的时代，未来企业的发展壮大将越来越需要主动进行刑事风险防范的合规化改造，刑事风险防范的重要性会被越来越多的企业及其人员认可，但这并非线性进步的过程，而是曲折进步的过程。

致 谢

本书的写作能顺利完成，仰赖广东宋氏律师事务所“始终在刑辩前沿”的理念和实践。

我们从 2016 年就开始尝试开展主动刑事风险防范业务，当时在国内无疑是前沿业务。这期间，我们积累了大量刑事风险防范的理念和经验。同时，我们办理的各类刑事案件，也提供了众多防范刑事风险的“经验”，可以用于防范潜在的刑事风险。我相信，无论是个人还是企业，刑事风险防范措施是防范刑事风险的最佳举措。刑事风险防范可以最大限度地防范刑事风险，为妥善应对可能的刑事危机提供素材，为可能的刑事辩护提供抗辩空间和证据材料。

本书即将付梓之际，我非常感谢母校华南师范大学法学院、吉林大学法学院对我的培养。感谢广东宋氏律师事务所的大力支持，感谢广东宋氏律师事务所同事们对本书提出的诸多宝贵意见。感谢法律出版社的支持与编辑的耐心和认真。感谢一直以来支持我、鼓励我的同学、同事、同行、朋友们，你们都是激励我在刑事业务领域前行的人。

赖建东

2024 年 10 月